Jodokus Rauschebart

Strandgut

Jodokus Rauschebart

STRANDGUT

VOM STRANDVOGT AUFGESAMMELT

Bibliografische Information der Deutschen Nationalbibliothek: Die Deutsche Nationalbibliothek verzeichnet diese Publikation in der Deutschen Nationalbibliografie;
detaillierte bibliografische Daten sind im Internet über http://dnb.dnb.de abrufbar.

Verlag: BoD · Books on Demand GmbH, Überseering 33, 22297 Hamburg,

bod@bod.de

Druck: Libri Plureos GmbH, Friedensallee 273, 22763 Hamburg

ISBN: 978-3-7693-9835-9

Inhaltsverzeichnis

Prolog		7
Kapitel 1 :	Inselglück (Föhr)	10
Kapitel 2 :	Inselfreuden (Föhr)	20
Kapitel 3 :	Strandvogts Sprüche	29
Kapitel 4 :	Wandergenuss (Johnston Canyon)	35
Kapitel 5 :	Wanderfreuden (Lake Louise)	41
Kapitel 6 :	Strandvogts Texte	46
Kapitel 7 :	Inselvergnügen (Hooge)	54
Kapitel 8 :	Inselerleben (Hooge)	61
Kapitel 9 :	Strandvogts Reime	70
Kapitel 10 :	Wanderglück (Lake Minnewanka)	75
Kapitel 11 :	Wandererlebnis (Grassi Lakes Trail)	80
Kapitel 12 :	Gesammeltes Strandgut	86
Kapitel 13 :	Inselsehnsucht (Langeoog)	92
Kapitel 14 :	Inseltraum (Langeoog)	101
Kapitel 15 :	Treibgut	111
Kapitel 16 :	Wanderbegeisterung (Heart Creek Trail)	120
Kapitel 17 :	Wandervergnügen (Quarry Lake)	125
Kapitel 18 :	Lebenswichtige Fragen	131
Kapitel 19 :	Wandertraum (Brockenabstieg)	138
Kapitel 20 :	Wandersehnsucht (Schierke)	145
Epilog		153
Quellen/Über den Autor		155

Prolog

Gestatten, ich bin der Strandvogt und möchte Dich durch dieses Buch führen. Ich erzähle Ereignisse aus meinem realen Leben, die bereits im Internet mal hier, mal da veröffentlicht wurden. Einige davon werden hier in diesem Buch zusammengeführt.

Bitte frage nicht, wer denn der Strandvogt genau ist. Darauf würden sich in meinem Mund viele Muskeln zu einem Lächeln zusammenziehen und als Antwort würdest Du eine Passage aus der Oper Lohengrin von Richard Wagner hören, nicht in der originalen Stimmlage, sondern in meiner dazu transponierten Bass-Stimmlage : „Nie sollst Du mich befragen !"

Aber Du darfst gerne fragen, was denn ein Strandvogt genau ist. Und da bekommst Du hier den Begrüßungstext zu lesen, den ich auf einem Internetprofil geschrieben habe :

„Liebe Profilbesucher, vor allem liebe Freundinnen, Freunde und alle, die mir hier gewogen sind. Ich freue mich, dass Ihr den Weg zu diesem Profil gefunden habt und sage "Herzlich willkommen". Schaut Euch in aller Ruhe um.

Strandvogt ist die Bezeichnung für eine Person, der im Bereich der Küste besondere Rechte und Pflichten übertragen sind. Die

Rechtsgrundlagen, Aufgaben und gesellschaftliche Einordnung haben sich im Laufe der Jahrhunderte und abhängig vom Ort häufig geändert. An den Küsten von Nord- und Ostsee waren Deichvögte für den Zustand der Deiche und Strandvögte für die Bergung von gestrandetem Schiffsgut zuständig. Manchmal hatten Strandvögte auch beide Aufgaben. Heute sorgen Strandvögte, meist im Auftrag der Seebäder, für die Einhaltung der Strandordnung.

Strandgut ist erst dann herrenlos, kann also vom Finder rechtmäßig angeeignet werden, wenn der bisherige Eigentümer auf das Eigentum verzichtet, den Besitz der Sache aufgegeben hat. (§ 959 BGB)

Meist wird bei Strandgut jedoch davon auszugehen sein, dass der Eigentümer den Besitz nicht aufgegeben hat, denn Strandgut gilt zunächst als „auf hoher See verloren". Der Finder muss daher Strandgut in ein Fundbüro bringen.

Meldet sich der Eigentümer, hat der Finder Anspruch auf Finderlohn. (§ 971 BGB).

Meldet sich der Eigentümer nicht, erwirbt der Finder nach sechs Monaten Eigentum am Strandgut; allerdings hat der frühere Eigentümer einen bereicherungsrechtlichen Herausgabeanspruch gegen den Finder. (§ 977 BGB)."

In diesem Sinne „Herzlich willkommen" gefolgt von einem typischen Strandvogt-Spruch „Mach Dir ein paar schöne Stunden" hier bei der Lektüre dieses Buchs, durch das Dich der Strandvogt führt, vielleicht ja auch zum Träumen, Nachdenken oder Nachmachen verführt. Ach wäre das nicht wunderbar ? Also begib Dich mit dem Strandvogt auf genussvolle Wanderungen in die kanadischen Rocky Mountains, in den Harz, auf lohnende Reisen zu deutschen Inseln in der Nordsee, von den der Strandvogt schwärmt, und erfahre zwischendurch etwas über die Produktionen des Strandvogts auf Plattformen im Internet.

1. Auflage als Buch und E-Book, neubearbeitet und erweitert nach der 6. Auflage des gleichnamigen E-Books

Im Strandkorb 241 an Strandvogts Strand im Jahre 2025

Kapitel 1 : Inselglück
Föhr – eine der Lieblingsinseln vom Strandvogt

Wer glaubt denn, auf einer Insel in der Nordsee zu sein, wenn er aus seinem Fenster solch einen Blick hat ? Oder dass er sich in einer kleinen Stadt befindet ? Ich kenne die Insel Föhr von vielen Aufenthalten. Bei diesem Bild war ich zur Reha in der Kurklinik in Wyk auf Föhr, direkt am Strand gelegen, und hatte ein Zimmer im 4. Stock mit Blick in den Mühlenpark.

Einige Schritte aus der Klinik Richtung Inselinneres, und die Mühle und der sie umgebende Park sind zu sehen. Der Park lädt zum Verweilen und Beobachten ein, vor allem den Wasservögeln und den Störchen zuzuschauen.

Schaut man auf der anderen Seite der Klinik aus einem Fenster

oder geht einige Schritte auf der Strandpromenade und schaut dann über die Strandkörbe auf die Mittelbrücke, wird es schon klarer. Man siegt Strandkörbe, eine Fähre, manchmal noch mehr Schiffe, im Hintergrund Warften auf den Halligen. Da kann man sich schon eher vorstellen, wo man ist. Aber es wird deutlicher, wenn man sich, wie ich es auch jeden Tag während meiner Aufenthalte getan habe, auf ein Fahrrad setzt und kreuz und quer über die Insel fährt. Föhr ist eine Insel, wo sich Radfahrten lohnen, es gibt genug Abwechslung. Mal geht es über die Geest, mal durch die Marsch, mal auf dem Deich, mal in Dünennähe, mal durchs Naturschutzgebiet am klitzekleinen einzigen Süßwasserfluss der Insel, der Godel. Es gibt elf Inseldörfer neben der Inselhauptstadt Wyk. Irgendwann kommt man immer an Stellen, wo das Meer zu sehen ist.

Noch besser ist ein Rundflug mit einem Flugzeug. Den sollte man bei Sonnenschein unbedingt machen, wenn Niedrigwasser ist, weil dann die Einzelheiten der Priele im Watt besonders plastisch hervortreten. Das wird dann ein Erlebnis, das sich einprägt. Auf dem Bild ist Föhr zu sehen und das Ende von Hallig Langeness oben links.

Es gibt magische Momente, die man nicht versäumen sollte. Da ist der Sonnenaufgang wie hier auf dem Bild vom Hafen in Wyk oder sonst von allen Stellen am Sandwall oder der Strandpromenade zu sehen, die einen Blick nach Osten hin gestatten.

Und natürlich darf ein Sonnenuntergang nicht fehlen. Hier sollte man im Inselwesten nach Dunsum an die Stelle am Deich fahren, wo der Wattenweg zur Nachbarinsel Amrum abgeht oder endet, je nach Sichtweise. Hier hat man einen phantastischen Blick auf die Südspitze von Sylt mit Hörnum wie auf dem Bild und auch auf die Nordspitze von Amrum, die Amrum Odde. Da die Sonne jeden Tag je nach Jahreszeit etwas weiter Richtung Sylt oder Richtung Amrum untergeht, ist es besonders an den Tagen interessant, wenn sie genau zwischen diesen beiden Inseln hinter dem Seegatt, das die beiden Inseln trennt, in der offenen Nordsee „versinkt". Und wenn dann noch ein Segelschiff im Licht der untergehenden Sonne zu sehen ist, dann ist das Glück vollkommen. Tja, man wird ja noch von solch wenig wahrscheinlichen, extrem seltenen Zufällen träumen dürfen. Es gibt magische Orte, die man unbedingt aufsuchen sollte.

Da sind die drei Kirchen St. Laurenti in Wyk-Boldixum,

St. Johannis, der Friesendom, in Nieblum und

St. Laurentii in Süderende, sehenswerte Orte, in denen man das Innere erkunden, den Schmuck bewundern und zur Ruhe kom-

men kann, sowie auch ihre Friedhöfe mit den „sprechenden"
Grabsteinen, einer Besonderheit auf den nordfriesischen Inseln
und Halligen. Hier erfährt man viel über die Geschichte.

Im Bild ist der Grabstein vom glücklichen Mathias (Mathias
Petersen) auf dem Friedhof in Süderende zu sehen, auf dem in
Worten (Latein, der meines Wissens einzige Stein dieser Art,
dessen Inschrift in dieser Sprache verfasst ist) und Symbolen
die Lebensgeschichte dieses berühmt gewordenen Walfängerka-
pitäns beschrieben wird mit der Inschrift :
„Matthias Petersen
Nat: Oltsumi D: 24 Dec: 1632
Denat: D: 16 Sept: 1706, Rei
Nauticae, in Gronlandiam
peritissimus, ubi incredibilli successu
373 Balenas
cepit, ut inde omnium
suffragio nomen
‚Felicis Adeptus sit; et coniux

Inge Matthiessen Nat: D. 7 O'ct: 1641 Den: D: 5 April 1727
Securus morte est, qui
seit se morte renasci
mors ea non dici, sed
nova vita potest."

Übersetzung:
„Matthias Petersen geb: in Oldsum den 24 Dec: 1632
gest: den 16.Sept: 1706, Er
war in der Schiffahrt nach Grönland sehr kundig,
wo er mit unglaublichem Erfolg
373 Wale
gefangen hat, sodass er von da an mit Zustimmung aller den
Namen
„Der Glückliche" annahm; und dessen Frau
Inge Matthiessen geb: den 7 Oct: 1641 gest: den 5 April 1727
Ruhig im Tode ist der, welcher
weiß, dass er aus dem Tode wiedererstehen wird;
Tod kann das nicht genannt werden, sondern
ein neues Leben."

Da ist der Deich im Norden, wo man stundenlang alleine im
Gras liegen/sitzen und mit einem guten Fernglas über das Vor-

land die Züge beobachten kann, die in der Ferne auf dem Hindenburgdamm nach Sylt fahren oder von dort kommen.

Von Zeit zu Zeit bekommt man „Besuch" von dort weidenden Schafen, im Volksmund liebevoll „Trippelwalzen" genannt. Durch ihr Trippeln verfestigen sie den Deichboden, vertreiben so Maulwürfe und Wühlmäuse und sorgen auf diese Weise für die Deichsicherheit. Außerdem fungieren sie als lebende Rasenmäher und halten das Gras auf der Deichnarbe kurz.

Da ist die Lembecksburg mitten auf der Insel, die so gar nichts mit einer Burg nach unseren Vorstellungen gemeinsam hat. Es ist eine kreisförmige Ringwallanlage (Durchmesser rund 95 Meter mit 8 bis 10 Metern Höhe) aus dem 10./11. Jahrhundert. Einige Forscher führen ihren Ursprung sogar bis in die Eisenzeit zurück. Auf diesem grasbewachsenen Ringwall lässt sich gut in der Sonne ruhen und den weiten Blick über Geest und Marsch genießen. Auf dem Bild ist in der Ferne der Kirchturm des Friesendoms in Nieblum zu erkennen. Meine Auswahl an magischen Orten ist rein subjektiv und recht unvollständig. Jeder Besucher, der sich länger auf dieser Insel aufhält, wird je nach Interessenlage sicher noch andere magische Orte entdecken.

Mittwochs probt die Kantorei St. Nicolai, bei der Gäste als Mitsänger willkommen sind. Auf dem Weg dorthin komme ich an einem typischen Friesenhaus vorbei, dessen Typ sich in den Friesendörfern der Insel, vor allem in Nieblum findet, hier im Inselstädtchen aber die große Ausnahme ist. Es befindet sich auch nicht am Strandwall, der meist sehr bevölkerten Hauptpromenade für Gäste und Touristen, sondern in einer ruhigen Seitenstraße. Auf dem nächsten Bild eine Aufnahme aus dem sehr erfreulichen Bericht der Inselpresse über das Pfingstkonzert in St. Nicolai, das mir der Fotograf der Inselpresse geschenkt hat.

Zum Schluss der Leitspruch/Lebenskompass mit einer Interpretation für das tägliche Leben, den mir meine nordfriesischen Freunde mit auf den Weg nach Hause gegeben haben :

„Rüm hart – klåår kiming"
Ein altes Motto aus Nordfriesland, das auf hochdeutsch heißt – „Weites Herz – klarer Horizont". Statt Horizont sagten die friesischen Seefahrer „Kimme" – das ist die Linie zwischen Meer und Himmel, ein magischer Ort, an dem sich bei klarer Sicht das Irdische und das Himmlische berühren. Meine friesischen Freunde haben mich ermuntert, diese Worte auch auf andere Lebensbereiche, ja auf mein Leben, zu übertragen : Offen sein für andere Menschen und andere Kulturen, ein großes Herz haben, aber dabei nie das Ziel aus den Augen zu verlieren. Man kann „Klåår kiming" auch mit „klarer Verstand" übersetzen; denn wenn der Verstand klar ist, sieht man den Weg, vor allem den eigenen, deutlich vor sich. Dieser wunderbare Leitspruch der Friesen begleitet mich schon lange in meinem Leben und weist mir den Weg. Er kann auch Dein Leitspruch werden.

Kapitel 2 : Inselfreuden
Föhr – was ich noch ergänzen möchte

Wer morgens in der Rehaklinik ein Zimmer mit Blick nach Osten hat, wird so wie auf dem Bild den Sonnenaufgang erleben. Wer Atemtherapie direkt am Strand schon vor dem Frühstück hat, wird solch ein Ereignis auch erleben, und noch mehr.

„Früher Vogel fängt den Wurm", lautet ein Sprichwort. Wie wahr; denn um die frühe Tageszeit wird man am Strand Störche sehen, die dort beim Übergang vom Strand zum Watt ihre Nahrung suchen. Sie lassen sich von Joggern oder von der in Gruppen durchgeführten Atemtherapie am Strand nicht stören. Das Bild wurde bei Ebbe aufgenommen, wo also viel Platz am Strand für alle vorhanden war.

Und so sieht es nach Sonnenaufgang am frühen Morgen am Sandwall, der tagsüber von Menschen dicht bevölkerten Strandpromenade aus. Im Bild der Blick über die Promenade und den Strand bis nach Dagebüll am Festland im Hintergrund.

Vor Jahrzehnten habe ich noch keine Störche auf Föhr gesehen. Jetzt sind sie nicht nur als durchreisende Zugvögel, sondern auch als ständige Gäste vorhanden. Dazu hat wohl auch die Storchenstation in der Nähe des Mühlenparks beigetragen, in der kranke Vögel gepflegt werden. Einige Paare brüten dort und ziehen ihre Jungen vor den Augen der Schaulustigen auf.

So ist es auch kein Wunder, dass ein Storch den Flug zum Nest auf einer Laterne am Mühlenpark unterbricht und sich vom darunter fließenden Auto-, Rad- und Fußgängerverkehr nicht stören lässt.

Es gibt Stellen in der Marsch, wo sich Störche gerne aufhalten wie hier neben einem oder sogar in einem Abzugsgraben, der für die Entwässerung der Marsch sorgt.

Wer mit dem Rad die Insel erkundet, wird früher oder später an den anderen Mühlen vorbei kommen, der Mühle in Wrixum (unteres Bild), der in Borgsum (Bild nächste Seite) und der in Oldsum.

Dieses Bild der Mühle in Wrixum ist historisch und zeigt die Mühle in alter Pracht. Leider mussten im Winter 2016 die Flügel nach Sturmschäden entfernt, im Sommer 2018 aus Sicherheitsgründen der komplette Mühlenkopf abgenommen werden. Ein Notdach wurde montiert, um weiteren Schaden abzuwenden. Nun will die Gemeinde ihr Wahrzeichen sanieren, neu aufbauen, ökologisch ausgerichtet nutzen, und hofft, dass sie bald in neuer Pracht wieder ersteht.

Wer auf der „Traumstraße" (Die Straße wird auf der Insel tatsächlich so genannt und auch so ausgeschildert !) Richtung Inselwesten fährt und einmal nicht den traumhaften Blick nach links über die Godelniederung (klitzekleiner Süßwasserfluss, der einzige „Fluss" auf der Insel) auf das Westende von Hallig Langeness und das Südende von Amrum mit dem markanten Leuchtturm genießt, sondern nach rechts schaut, wird die Mühle am Rande von Borgsum entdecken, vielleicht auch das in unmittelbarer Nachbarschaft gelegene kleine gemütliche friesische Café „Letj Lembeck", das sich als Rastplatz bei einer ausgedehnten Radtour in den Inselwesten so hervorragend eignet, mit tollem Kuchen oder Friesenwaffeln und netter Bedienung im idyllischem Garten oder drinnen im kleinen Gastraum den Gast verwöhnt. Meine Auswahl ist natürlich rein subjektiv. Andere Touristen würden ganz andere Schwerpunkte setzen, zum Beispiel über den Fischmarkt, der jeden Samstagvormittag am Hafen eine Menge Schaulustiger anzieht, oder den Bauernmarkt in Oevenum, der jeden Donnerstagvormittag stattfindet, berichten. Andere würden wieder über Bräuche oder besondere Gaststätten schreiben. Oder über ganz andere Dinge. Jeder Inselbesucher wird so seine eigenen Schwerpunkte setzen. Wer an- oder abreist, kommt am Hafen und am Anleger vorbei. Schon von weitem ist der Katamaran, der von Dagebüll über Wyk auf Föhr, Wittdün auf Amrum nach Hallig Hooge und zurück verkehrt, zu hören. Er bietet eine ausgezeichnete schnelle Verbindung zur Nachbarinsel Amrum und nach Hallig Hooge. Es gibt immer etwas zu sehen, die Schiffe im Hafen, die Segler oder vor allem die Fähren.

Und wenn wie auf dem Bild die eine Fähre nach Amrum ablegt und die andere, die von Amrum kommt, anlegt, dann ist besonders viel los am Anleger. Einmal heißt es für jeden Touristen oder Reha-Patienten Abschied nehmen. „Kiek mol wedder in" heißt dann die plattdeutsche Abschiedsformel. Und dann genießt man von Schiff aus den Blick auf die Strandpromenade am Sandwall in Wyk.

Zuerst die hafennahen Gebäude, dann die nächsten am Strand,

die Reha-Klinik rückt ins Blickfeld, die Gebäude auf der Insel er-
scheinen mit zunehmendem Abstand immer kleiner. Ein Blick zurück auf die Mittelbrücke, auf der man so manche Zeit verbracht hat.

Dann hinter dem Leuchtfeuer am Ohlhörn die Richtungsänderng vom Wyker Fahrwasser ins Fahrwasser der Norderaue, und dann vorbei an den Halligen,

vor allem die Halligen Langeness und Oland (im Bild und im Hinter- grund die Windräder im Hauke-Haien-Koog auf dem Festland), die in Fahrtrichtung rechts liegen, bis schließlich Dagebüll zu sehen ist. Rechts neben der Anlegermole ragt das Strandhotel über den Deich.

27

Wer nach Ankunft der Fähre noch etwas Zeit hat, kann auf der Terrasse des Strandhotels das Kommen und Gehen beim Anleger vor den Fähren in aller Ruhe betrachten. Auf dem unteren Bild ist nur das normalerweise für den Verkehr nach Föhr gedachte Anlegerterminal zu sehen sowie der Haltepunkt für die Züge, das rechts davon befindliche Terminal für Amrum, die Schalterhalle und die Warteplätze für Kraftfahrzeuge sind hier nicht mit abgebildet worden.

Wenn wir dann den Kopf nur ein wenig nach links drehen, haben wir einen Blick zurück über das Watt im Vordergrund bis nach Föhr im Hintergrund. Auf dem Bild herrscht gerade Niedrigwasser, die Fahrgäste der Fähre haben es merken können, wie vorsichtig bei jeder Richtungsänderung das Schiff durch die schmale durch Pricken markierte Fahrrinne navigiert worden ist.

Kapitel 3 : Strandvogts Sprüche

Nach so viel Inselromantik einige unerlässliche Anmerkungen : In einem sogenannten sozialen Netzwerk - die Eigenschaft "sozial" ist in diesem Fall diplomatisch ausgedrückt geschmeichelt - wurden die in diesem Kapitel aufgeführten Sprüche als "Vom Strandvogt gesammeltes Strandgut" veröffentlicht. Gerichtet waren die Sprüche an den kleinen, aber handverlesen feinen Freundeskreis vom Strandvogt, in dem offen und ehrlich miteinander umgegangen wurde, was in der virtuellen Welt nicht selbstverständlich, sondern wohl eher die Ausnahme ist. Mal war der Spruch reine Situationskomik ohne konkreten Anlass, mal spießte er aktuell diskutierte Situationen auf, mal gab er Persönliches preis, mal sollte er provozieren und konstruktive Kritik hervorrufen. Viel Spaß bei der Lektüre, erfolgreiches Eindenken in die jeweilige Situation und so manche Gelegenheit auch zum Schmunzeln wünscht der Strandvogt, der sich jeden weiteren Kommentars enthält, und die Sprüche ganz alleine auf Lesende einwirken lässt.

*****

Wir nennen uns immer noch das Volk der Dichter und Denker.
Und nicht nur im Chat werden die tollsten Märchen gedichtet.
Aber ich sitze hier im Sessel, lächle und denke mir so meinen Teil.

*****

Also ääärlich :
Bisse nich daaa, bisse auch nich on.
Bisse abba daaa, bisse auch nich imma on.
Oppe nu daaa biss oda oppe on biss,
dat wichtickste iss imma de Spass anne Freud,

sacht Oppaa Stranndvoooooooooogt.
Unn Recht haben tut er, woll.
Tuusse mich eiijentlich vaaschteeen tuun ?
Ischa prima, wennsse mich vaaschteen tuus, woll.
Unn wenn nich, kannze mich ja fraagen tuun, äärlich.

*****

Es ist nicht verboten, unverschämt nett zu sein.
Erst recht nicht hier im Chat.

*****

Ich mache rein gar nichts
weder unverzüglich
noch baldmöglichst
noch vereinbarungsgemäß
noch aus freien Stücken
noch am Sankt Nimmerleinstag.
Aber das alles mache ich richtig gut.

*****

Wenn ich nicht da bin, bin ich auch nicht hier.
Wenn ich da bin, bin ich nicht immer hier.
Wenn ich hier bin, bin ich nicht unbedingt da.
Wenn ich nicht hier bin, bin ich immer da, wo ich bin.

*****

Wenn jemand Dir sagt :
„Ich will im Chat meinen Spaß",
dann nimm das ernst,
glaube ihm/ihr aufs Wort.
Aber bedenke : Von Dir war nicht die Rede !
Du hast da nichts zu lachen.
Wenn Du nicht tust, was er/sie will,

dann versteht er/sie keinen Spaß.
Und ihm/ihr ist es dann bitterernst.

*****

„Manche Männer bemühen sich ein Leben lang,
das Wesen einer Frau zu verstehen.
Andere befassen sich mit weniger schwierigen Dingen,
zum Beispiel mit der Relativitätstheorie !"
(Zitat von Albert Einstein)
Da inzwischen auch Frauen die Relativitätstheorie verstehen
und erklären können :
Männer zeigt mal, was Ihr könnt,
aber mit Grips und Verstand !
Zuschlagen und beleidigen kann jeder Idiot.

*****

Echte Männer lieben Kurven.
Klar : Am Nürburgring,
beim 6-Tage-Rennen,
auf Schalke inne Kuurwe,
am runden Tresen inne Kneipe.
Was hast Du denn gedacht, Süße ?
Anne Copacabana ?
Oder an einen Warmduscher,
der die Kurve kratzt, wenn es brenzlig wird ?

*****

Falsche Freunde sehen Deine Fehler
und machen andere darauf aufmerksam.
Wahre Freunde sehen Deine Fehler

und machen Dich darauf aufmerksam.

*****

Eltern, Lehrer, Bildungspolitiker, höret die Signale :
Wir sind die Schüler von heute,
die in der Schule von gestern,
von Lehrern von vorgestern,
mit Methoden aus dem Mittelalter
auf die Probleme von übermorgen vorbereitet werden !

*****

Was ist paradox ? Kommt aber auch hier im Chat vor.
Na klar :
Wenn Du ein Freundschaftsangebot annimmst,
von jemandem, der angeblich keine annimmt.

*****

Es hat keinen Zweck, sich mit Frauen zu streiten.
Sie verstehen ja doch immer alles falsch,
wenn sie überhaupt etwas verstehen.
Komisch :
Männer verstehen das sofort.

*****

Wo rohe Kräfte sinnlos walten,
da kann kein Knopf die Hose (Bluse) halten.

*****

Was ist paradoxer als paradox ?
Kommt aber leider auch hier im Chat vor.
Na klar :
Wenn jemand neu auf Dein Profil kommt,

dort als Profilschleicher gar nichts hinterlässt,
Dich aber sofort auf igno setzt.
Es lebe die kleine, aber feine Steigerung.

✱✱✱✱✱

Ein Freund ist wie ein Leuchtturm,
der den Überblick behält, wenn wir nichts sehen,
der Orientierung schenkt, wenn wir nicht weiter wissen,
der Sicherheit gibt, wenn wir uns verloren fühlen.

✱✱✱✱✱

Was ist paradox ?
Kommt leider auf dieser Plattform vor.
Na klar :
Wenn Dir auf Deinem Profil
statt Deiner abonnierten Ticker
ständig nicht-abonnierte Werbung, also Spam,
für andere Chats vorgespielt wird,
auch auf die Gefahr hin, dass wir entdecken,
dass andere Chats attraktiver sind.
Wir sehen, wie Geld, das diese Plattform dringend benötigt,
die Qualität eines Chats enorm herabsetzen kann.

✱✱✱✱✱

Wenn aus Facebook Fakebook wird,
ist das nur eine kleine Änderung in der Schreibung,
aber ein gewaltiger Rückschritt für die Nutzenden.
✱✱✱✱✱

Für Dich lohnen nur Gespräche mit denen,
die ein Bild eingestellt haben, meinst Du,

weil Du selber ein Bild eingestellt hast.
Für mich macht es anders herum viel mehr Sinn :
Führen wir doch erst einmal Gespräche,
dann sehen wir, ob es lohnt, Bilder zu erbitten.

*****

Wenn Du irgendwo liest :
Wir tun, was wir können.
Das darfst Du glauben.
Besonders dann, wenn sie nichts können.

*****

Es ist überhaupt nicht wichtig,
wie viele Aktivitätspunkte, wie viele Auszeichnungen Du erhältst,
mit denen Du Dich wie mit Orden und Ehrenzeichen schmückst,
oder wie viele Emojis Du an andere verschenkst.
Denke daran :
Du kannst Dir nichts dafür kaufen,
keine Scheibe Brot, kein Blatt Gemüse, kein Stück Obst,
keine Sekunde Urlaubsreise, folglich rein gar nichts.
Also bleibe Mensch !
Respektiere andere und akzeptiere all ihre Ecken und Kanten.
Schreibe offen und ehrlich,
verbiege Dich nicht wegen dieses Fixniegelkrams
von Aktivitätspunkten, Rängen und anderem unnützem Tinneff.

*****

Kapitel 4 : Wandergenuss

Im Johnston Canyon – erste Wanderung in den kanadischen Rocky Mountains.

Bei der ersten Flugreise zu unserer Tochter und ihrer Familie nach Kanada hatte uns unsere Tochter kurz vor dem Abflug empfohlen, auch warme Sachen einzupacken; denn es hatte schon Mitte September in den Rocky Mountains plötzlich auch in den unteren Lagen stark geschneit und es herrschten auch dort entsprechende Temperaturen. So kamen wir in Calgary am Flughafen zwar noch im Regen an, doch bei der Fahrt mit dem Shuttle-Bus auf dem Trans-Canada-Highway Nummer 1 entlang des Bow Rivers änderte sich die Landschaft von schneefrei in Calgary und direkter Umgebung über schneeüberzogen bis hin zu rund 1 Meter Schnee am Straßenrand, als wir am Lac des Arcs auf dem Highway im Tal des Bow River in die Rocky Mountains hinein fuhren. Zwei Tage später werden mehr als 30° Celsius auch für die Täler in den Rockies vorhergesagt, was für ein Temperaturumschwung. Wo also soll unsere erste größere Wanderung stattfinden, wo ist Schatten und Kühle zu erwarten außer in großer Höhe, die wir aber in den ersten Tagen nach unserer Ankunft vermeiden wollen ? Unser Schwiegersohn möchte unbedingt in den Banff Nationalpark. Er hat eine Plakette am Jeep, die ihn berechtigt, auch Nebenstraßen im National Park zu befahren. Also fahren wir zuerst über den Highway, biegen kurz hinter Banff auf den Bow Valley Parkway ein, eine am Bow River entlang führende, parallel zum Highway verlaufende wenig befahrene Straße, und gelangen nach unserer Fahrt durch Wälder am Straßenrand zum Wanderparkplatz am Johnston Canyon. Beim Ausstieg aus dem klimatisierten Jeep schlägt uns sehr warme Luft entgegen. 36° Celsius zeigt das Thermometer im Auto als Außentemperatur an.

Wir lassen den Wanderparkplatz, den Wohnmobil-Stellplatz und die für Übernachtungen von Touristen dort stehenden Holzbungalows im wahrsten Sinne des Wortes links liegen, stehen vor dem Schild, das uns in den zwei Landessprachen Kanadas über den Johnston Canyon informiert (Bild ganz oben), und kommen nach wenigen Schritten am Parkplatzausgang zu einem Holzwegweiser (zweites Bild). Es gibt nur einen einzigen Weg durch den Canyon, den wir hin und und dann auch wieder zurück gehen müssen. Wir können die Länge des Weges und damit unsere Verweildauer festlegen, also entweder nur bis zu den unteren Wasserfällen, bis zum oberen Wasserfall oder noch darüber zu den Ink Pots hinaus gehen. Wir wollen abwarten und später entscheiden, wann wir umkehren wollen. Ein Blick zurück in die umliegenden schneebedeckten Berge und bald tauchen wir in den Schatten des Canyon ein, wo wir erträgliche Temperaturen vorfinden, die wir als kühl empfinden, so dass wir unsere dünnen Anoraks wieder anziehen. Wir können erahnen, wie kalt wir es empfinden würden, wenn auch außerhalb des Canyons kühle oder gar eiskalte Temperaturen herrschen würden.

Der Weg verläuft bergauf und teils auch wieder ein Stück bergab, mal neben dem Bach, mal etwas drüber, mal asphaltiert, mal auf Waldboden, mal auf felsigem Untergrund, mal auf Holzkonstruktionen wie im Bild. Wir sind froh, dass wir Wanderschuhe mit gutem Profil angezogen haben, alles andere wäre nicht hier angebracht.

Erste kleine Wasserfälle (Bild) begegnen uns, in denen der Bach, der Johnston Creek oder seine Zuflüsse, die Felsen herunter stürzt. Das Wasser schimmert zum Teil intensiv türkisblau, wie an anderen Stellen in den Rockies auch, eine Besonderheit, die in den Rockies wegen der Zusammensetzung der Wasserbeimengungen anzutreffen ist.

Schließlich ist ein erstes Ziel, die unteren Wasserfälle (siehe die beiden obigen Bilder) erreicht, in denen das Wasser rund 10 Meter in die Tiefe stürzt. Wir können uns nicht satt sehen, sondern versuchen, von möglichst vielen verschiedenen Ausgangspunkten auf die Wasserfälle zu blicken, gehen hin und her. Leider gelingen nicht alle Fotos, vor allem, weil Teile des Canyons in dunklem Schatten liegen oder Touristen ständig das gewünschte Motiv versperren. Aber was solls, schon die wenigen Fotos, die schließlich auf der Speicherkarte verbleiben, garantieren uns gute Erinnerungen an eine bis jetzt tolle eindrucksvolle Wanderung. Für viele Touristen – ich habe den Eindruck, für die meisten – ist der Besuch des Canyons hier beendet. Sie treten den Rückweg an und werden ihn wie mehrfach beobachtet in ihrem Reiseführer, der den Besuch des Canyons sehr empfiehlt, als erledigt abhaken und sich anderen Zielen zuwenden.

Wir aber gehen weiter, es ist noch ein gutes Stück bis zum nächsten Ziel, länger als das vom Wanderparkplatz bis zu den unteren Wasserfällen. Wir werden beim oberen Wasserfall schließlich mit diesem tollen Blick auf die rund 30 Meter in die Tiefe stürzenden Wasser belohnt. Wir genießen es, dass wir hier für eine Weile ganz alleine sind, kein Touristenwimmeln mehr wie auf dem ersten Stück des Weges. Wir haben mehr Zeit benötigt als auf dem Wegweiser am Anfang des Weges angegeben, haben jede Einzelheit des Weges und am Wegesrand betrachtet, es lohnt, sich dafür Zeit zu nehmen. Wir könnten den Weg noch weiter fortsetzen, und wären dann wohl ganz alleine unterwegs. Es wird ein einsamer Bergwanderweg werden mit einem steilen Anstieg zu Beginn, aber die Frauen wollen sich das

nicht mehr antun und wollen umkehren. Also schlendern wir gerade-
zu zurück, genießen auf dem Rückweg das auf dem Hinweg Gesehe-
ne, nur dass wir es dieses Mal aus einer anderen Perspektive mit einem ganz anderen Hintergrund sehen und so wieder völlig neue
Eindrücke mitnehmen.

Einen tollen Blick haben wir am Ende aus dem Canyon heraus in die
gegenüber liegenden schneebedeckten Berge hinter dem anderen
Ufer des Bow River. Die Wahl dieser ersten Wanderung bei den hohen Außentemperaturen war für uns genau richtig. Wir können unsere Anoraks, die uns im kühlen Canyon gute Dienste geleistet haben,
wieder ausziehen und im klimatisierten Jeep die Rückfahrt durch das
Tal des Bow Rivers genießen. Auf der Rückfahrt habe ich den Eindruck, diese Landschaft schon einmal gesehen zu haben, obwohl ich
das erste Mal in Kanada bin. Schließlich erinnere ich mich an den
Film „The River of no Return" (Fluss ohne Wiederkehr) mit Marilyn
Monroe, der genau in dieser Landschaft gedreht worden ist, der mich
damals sehr beeindruckt hat, vor allem wegen der tollen Landschafts-
aufnahmen. Angeblich haben die Ureinwohnen den Bow River in
ihrer Sprache, „River of no Return" ins Englische übersetzt, so genannt wegen seiner engen Schluchten und vor allem wegen der Wasserfälle bei Banff, die wir später einmal besuchen wollen.

Kapitel 5 : Wandererlebnis

Lake Louise – Moraine Lake -
2 Juwelen in den kanadischen Rocky Mountains.

Die Anfahrt ist schon für Flachland-Tiroler spektakulär. Immer auf dem Highway Nummer 1 im Tal des Bow River entlang mit ständig wechselnden Ausblicken in die schneebedeckten Berge der Rocky Mountains. Es ist eine entspannte Fahrt auf dem vierspurig autobahnähnlich ausgebauten Highway, vor allem wegen der Geschwindigkeitsbeschränkung, die strikt eingehalten wird. Wir fahren bis zur Abfahrt bei Lake Louise, dem bekannten Wintersportort, und von dort bis zum Ende der Zufahrtsstraße, wo der Wagen auf dem Parkplatz des berühmten Hotels abgestellt wird. Nach wenigen Schritten hat man einen ersten Blick über den Lake Louise bis hin zu den Gletschern auf der anderen Seeseite. Am Ostufer des Sees thront das "The Fairmont Chateau Lake Louise", das sich aus einer 1890 errichteten einfachen Blockhütte zum jetzigen Grandhotel für rund 1 100 Gäste entwickelt hat. Hier ist ständig Trubel, auf dem großen Parkplatz ein ständiges Kommen und Gehen, auch bis in die Vorhalle des Hotels hinein. Offenbar wollen alle Besucher diese Pracht nicht nur von außen in Augenschein nehmen. Aber gehen wir nur einige Schritte am Uferweg entlang, entfernen uns vom Hotel, dann sind wir schnell alleine, können die Natur genießen und auf uns einwirken lassen. Hierhin folgen uns nur wenige Besucher.

Zuerst ist der Weg noch asphaltiert wie auf dem Bild, später wird es ein normaler Bergwanderweg, ein Glück, dass wir unsere Bergstiefel mit guten Profilsohlen angezogen haben. Auf dem ersten Bild dieses Kapitels genießen wir den Blick auf den See, die im Hintergrund gelegenen 6 Gletscher und die Berge, die sich im Wasser spiegeln. Einige Schritte später überqueren wir die Brücke über den Abfluss des Sees, der schließlich im Bow River mündet, dem Fluss, der ein großes langgestrecktes Tal in den Rockies prägt.

Daneben befindet sich ein Schild, das auf die zu schützende Tier- und Pflanzenwelt in dieser Bergwelt hinweist, und zwar in den beiden Landessprachen Kanadas, Englisch und Französisch. Natürlich darf ein Hinweis auf Bären nicht fehlen. Wir haben damals erlebt, dass ein beliebter Bergwanderweg zum Tea-House eben wegen einer Bärwarnung nur von größeren Gruppen in Begleitung eines Rangers benutzt werden durfte. Wir waren zu Fünft und als eigene Gruppe für den Ranger noch zu wenig. So lange, bis sich eine größere Gruppe zusammengefunden hatte, wollten wir aber nicht warten. Schließlich waren weit und breit keine Wanderer zu sehen. Also ändern wir unsere Wanderpläne, benutzen weiter den Weg am Ufer des Sees entlang und haben es im Nachhinein nicht bereut. Solch spontanen Änderungen aus aktuellem Anlass (Bärwarnung, Steinschlag, Schneelawine, Schäden nach Hochwasser, etc) muss man immer einkalkulieren und sich dann schnell für Alternativen entscheiden.

Folgen wir dem Wanderweg am See entlang, hören wir bald keine Geräusche der Zivilisation mehr, dafür umso deutlicher die Geräusche der im Hintergrund kalbenden Gletscher. Wenn wir Glück haben, sehen und hören wir, wie ein Stück Gletscher am Talende abbricht und in die Tiefe stürzt. Aus diesem Gletscherwasser speist sich der Lake Louise vor allem.

15 km südlich des Lake Louise liegt der Moraine Lake am Ende einer schmalen Stichstraße. Er ist viel weniger besucht als sein bekann-

ter Nachbar. Hier wirkt die Natur noch ursprünglich, ursprünglicher jedenfalls als in der Nähe des Fairmont Hotels am Lake Louise.

Es fehlt dort ein Riesen-Grand-Hotel wie am Lake Louise, das Besucher anzieht und ständige Besucherbewegungen verursacht. Die kleine Moraine Lake Lodge hat 33 Apartements. Hier können Naturfreunde noch unter sich sein, aber einen recht luxuriösen Aufenthalt genießen. Wer einmal mit dem Boot und eigener Muskelkraft über den See gefahren ist, keinen Menschen weit und breit getroffen hat, ungestört von Bau- oder anderem zivilisatorischen Lärm die Natur mit allen Sinnen genießen durfte, der wird solch ein Erlebnis nie vergessen.

45

Kapitel 6 : Strandvogts Texte

Nach diesem Wandererlebnis und dem Wandergenuss eine wichtige Anmerkung : Wer auf den verschiedenen Plattformen im Internet heile Welt erwartet, wird ganz schnell, manchmal auch schmerzhaft, eines anderen belehrt. In der Anonymität des Netzes tummeln sich zu viele Menschen, deren Ziel, ja offenbar Lebensinhalt nur darin besteht, rassistische, sexistische, fremdenfeindliche, rechtsradikale oder andere strafwürdige Sprüche zu posten, Andersdenkende, andere Lebensziele Verfolgende zu diskriminieren, zu beleidigen und sogar zu bedrohen. Da helfen auch die vielen gut gemeinten Aussagen von Politikern nichts, geltende Gesetze anpassen und verschärfen zu wollen. Wenn es auch in den bekannten Netzwerken den einen oder anderen Fall gibt, in denen gegen solche Tendenzen vorgegangen wird, es gibt zu viele andere Netzwerke, die im Schatten der populären existieren, in denen so gut wie keine positiven Trends zu erkennen sind. Und es gibt sogar Fälle, von denen berichtet wird, dass auch die Betreiber dieser Netzwerke und sogar die Netzaufsicht nichts bewirken. Nicht wollen oder nicht können, das zu beurteilen überlasse ich anderen. Es gibt aber Fälle, in den das eindeutig beantwortet werden kann. Und so bin ich zufrieden, Netzwerke gefunden zu haben, in denen ich mit anderen Menschen offen und ehrlich verkehren kann. So etwas ist sehr selten im Internet, aber durchaus möglich. Und so sind auch die hier abgedruckten Texte einzuschätzen. Es gilt sinngemäß, was bei den Sprüchen geschrieben wurde. Auf Anmerkungen wird auch hier bis auf zwei Fälle verzichtet. Die Texte sollen alleine ganz für sich auf Lesende einwirken.

*****

„Wer glaubt, ein Christ zu sein, nur weil er in die Kirche geht, irrt sich. Man wird ja auch kein Auto, wenn man in eine Garage geht."

Auf diesen Spruch setzt der Strandvogt noch einen drauf :

Wer versucht, mit diesem <u>Zitat von Albert Schweitz</u> andere zu verunsichern oder gar zu diffamieren, sollte bedenken : Du wirst auch kein toleranter Mensch oder jemand, der andere Menschen wertschätzt, nur weil Du in eine Gruppe gehst, bei der der Gruppenleiter solche Haltungen für Gruppenmitglieder vorgeschrieben hat. Aber achte doch mal darauf, ob er, der fordert, sich denn auch selber an seine Forderungen hält, unangenehme Überraschungen kommen durchaus vor, wunder Dich also nicht ! Sondern Du bist es nur, wenn Du tatsächlich Toleranz übst und Andersdenkende wertschätzt, und das auch tagtäglich für jeden sichtbar praktizierst. Schließlich wirst Du ja auch kein Flamingo, wenn Du in einen Vogelpark gehst.

✶✶✶✶✶

Aus dem Chatreport von Professor Dr. h.c. (humoris causa, was denn sonst !) Jodokus Rauschebart, Lehrbeauftragter für soziometrischen Unfug an der virtuellen Universität von Cocolores :

1. Gibt es einen Unterschied zwischen Internet und diesem Chat ?

Das Internet ist wie eine Müllkippe. Jeder stellt etwas ab. Darunter findest Du – manchmal erst nach langem Suchen, aber auch rein zufällig – Dinge, die für Dich Edelsteine werden können. Wenn Du einen gefunden hast, musst Du ihn lange bearbeiten und immer wieder pflegen, bis er für Dich wertvoll geworden ist, und das dann auch weiter bleibt. Ist das denn hier im Chat anders ?

2. Vergleiche Deinen Computer mit diesem Chat !

Beim Ausschalten verliert Dein Computer das bischen Verstand und alle Kenntnisse, die Du ihm spendiert hast. Dann nutzt auch keine KI. Wenn Du in einen Chat hineingehst, solltest Du Deinen Verstand und Deine Menschenkenntnis nicht ausschalten, sondern beisammen

47

haben und sie auch anwenden. Vor und nach dem Chat lebst Du im realen Leben. Sei ehrlich im Chat, bleibe aber auch vorsichtig. Kannst Du einem neuen Chatpartner wirklich trauen ?

3. Gibt es einen Unterschied zwischen Urlaub und diesem Chat ?

Im Urlaub präsentiert sich jeder von der Seite, die er als seine Schokoladenseite ansieht. Das ist aber bei manchen schon ganz schön mies. Wie wird es dann erst im realen Leben sein ? Und im Chat ? Manchmal verrät schon das Profil viel. Sind die Daten nur lieblos zusammengestellt, findest Du nur hirnlosen Kram zur Selbstbestätigung oder Selbstbeweihräucherung von offensichtlich gelangweilten oder frustrierten Nutzenden oder geht es dort ernsthafter zu ?

4. Sonst nach was

Lass Dir den Spaß im Chat nicht durch eine Hetzjagd nach Aktivitätspunkten und ein Wettrennen um Ränge nehmen. Bewerte einen Menschen nicht nach dem Glitzer, Glanz, Sound oder anderem Schnick-Schnack seiner Darstellungen. Wichtig sind auch nicht aufgeblasene Phrasen oder Titel im Chat. Wichtig ist allein ehrliches Tun und Handeln.

✶✶✶✶✶

Professor Dr. h.c. Jodokus Rauschebart schreibt :

Ich habe mir Dein aussagekräftiges Profil und auch Dein überaus interessantes Gästebuch (GB) in aller Ruhe angeschaut. Was kann man daraus folgern oder darüber aussagen ?

1. Dein GB ist ein Muster, an dem man das Balzverhalten im Chat hervorragend beobachten kann. Mir fällt im Moment kein besseres Studienobjekt ein.

2. Was soll mit der meist raffinierten Mischung von Glitzergraphik und Gebrauchslyrik ausgesagt, was soll damit überhaupt erreicht

werden ? Schon mit diesen Fragen eröffnen sich Möglichkeiten über Möglichkeiten für interessante Studien wie Doktorarbeiten.

3. Jeder, der in Deinem GB eine Eintragung macht, möchte damit die Pole-Position möglichst lange behalten. Wenn weitere Einträge dazukommen, rangiert der Beitrag sofort unter „ferner liefen". Und wer liest ihn dann noch ?

4. Als Folge von Punkt 3 streben viele (zum Glück nicht alle) danach, so schnell wie möglich wieder einen neuen GB-Eintrag zu machen. An manchen Tagen oder zu bestimmten Stoßzeiten wäre das schon nach wenigen Minuten erforderlich.

5. Das Folgende lässt sich klar, präzise und unmissverständlich nur so ausdrücken :

- Die Frequenz der Einträge in Dein GB ist signifikant korreliert mit der öffentlich bekannten Frequenz Deiner Onlinebesuche und

- die Inhalte der Einträge in Dein GB sind hochsignifikant korreliert mit der komprimierten symbiotischen Koinzidenz von pränatalen klaustrophoben Projektionen und Defekten der Sozialisati- onsresiduen.

✱✱✱✱✱

Hier ist eine Anmerkung unbedingt fällig : Unter uns normalen Menschen : Müssen sich Wissenschaftler wie in Punkt 5 so ausdrücken, dass kaum jemand versteht, was da gesagt wird ? Oder geht es auch anders ? Nun schauen wir mal : Der einfache Satz wie zum Beispiel „Die dümmsten Bauern haben die dicksten Kartoffeln" wird von allen verstanden, ist aber keine eigenständige Leistung des Wissenschaftlers und müsste dann auch noch als fremdes Zitat gekennzeichnet werden. Wenn ein Wissenschaftler aber genau das sagen will,

49

weil ihm nichts Besseres einfällt, dann wählt er/sie eine Formulierung wie zum Beispiel „Die Produktivität der Agrarier ist umgekehrt proportional zu ihrer Mentalität" und meint, nach der Methode "Das macht doch nichts, das merkt doch keiner" er/sie sei aus dem Schneider. Wer versteht das noch, vor allem, wer erkennt darin noch das eigentlich gemeinte Zitat ? Aber hat er/sie mit den hochtrabend klingenden Formulierungen überhaupt einen eigenständigen Gedanken, etwas Neues, was noch keiner vor ihm/ihr so formuliert hat, ausgedrückt ? Nun, das kannst Du ja jetzt selbst beurteilen.

*****

Warum Männer so ihre Schwierigkeiten mit Frauen haben :

- Frauen fahren Dein geliebtes Auto beim Einparken zu Schrott.

- Frauen schmieren sich im Gesicht mit Botulinumtoxin ein, einem starken Nervengift, damit ihre Haut glatt wird. Hast Du schon einen Erfolg gesehen ? Warum versuchen sie es nicht zuerst an ihrem Hinterteil, ob es klappt ?

- Frauen versuchen mit allen Tricks, Dir Deine Kumpel mies zu machen.

- Frauen sind schlecht aufgeklärt. Sie bevorzugen laut Statistik Männer, die eine starke Ausbeulung in der Gesäßregion (Portemonnaie) oder über der linken Brust (Brieftasche) haben.

- Frauen können nicht mit Deinem Geld umgehen. Am Ende Deines Geldes ist immer noch sehr viel Monat übrig.

- Frauen haben kein Mittel gegen die Schwerkraft gefunden.

- Frauen glauben, dass viel Luft im Körbchen mehr Netto vortäuscht.

- Versuche nie, die Arbeitsabläufe einer Frau zu optimieren. Früher brauchte meine Frau eine halbe Stunde, um für uns beide das Frühstück zu bereiten. Heute benötige ich dafür weniger als eine Viertelstunde.

- Frauen geben Dein Geld für teure Designer-Klamotten aus, Dir gönnen sie nur billige China-Imitate vom Polenmarkt.
- Woher kennen Frauen eigentlich all die Vorzüge des Nachbarn, des Postboten oder der Verkaufsfahrer von Bofrost oder Quellen Lehnig, die sie Dir ständig vorhalten ?
- Frauen gönnen Männern nicht ihre kleinen Schwächen und hoffen auf Viagra und Haarwuchsmittel.
- Frauen holen sich bei kaltem Wetter der Schönheit wegen eine Unterleibserkältung, machen sich aber über Deine langen Heiner lustig.
- Warum erfüllt Dir Deine Frau wohl alle Wünsche (holt Deine Pantoffeln, Bier, Salzstangen, Zeitungen, stellt Dein Lieblings-fernsehprogramm an, ….) und versucht, Dich vom Schlafzimmer fern zu halten, wenn Du einmal früher als erwartet von der Arbeit kommst ? Und das alles nur dann und sonst nie.
- Frauen versuchen mit allen Mitteln, Dich von Deinen Hobbies ab-zuhalten.
- Frauen zeigen sich empört, wenn man über sie redet. Aber wirk-lich sauer sind sie erst, wenn man nicht über sie redet.
- Hast Du schon einmal gezählt, wie oft eine Frau „Ich" sagt oder Dir sagt, was Du tun sollst, und wie selten „Wir", „Du hast Recht", „Tut mir leid" oder „Entschuldige" ?
- Frauen wundern sich, wenn Männer nicht zu Hause essen wollen. Ist es wirklich so schwer, Männern auch nur hin und wieder mal ihr Lieblingsgericht zu vorzusetzen ?
- Frauen verlangen Unmögliches : Du sollst zwar ihr Alter verges-sen, Dich aber immer an ihren Geburtstag erinnern.

*****

Trumpelitanien – Musterländle oder Fake-Gebilde ?

Grundgesetz in Trumpelitanien

§ 1 : Alle Menschen sind gleich.

§ 2 : Einige Menschen sind gleicher. Einzelheiten bestimmt das oberste Trumpeltiert.

§ 3 : Das oberste Trumpeltier (oT) wird in freier, allgemeiner und geheimer Wahl gewählt.

§ 4 : Das oT hat immer Recht.

§ 5 : Hat das oT einmal nicht Recht, wird auf die ausnahmslose Gültigkeit von § 4 verwiesen.

✱✱✱✱✱

Wahlordnung in Trumpelitanien

§ 1 : Jeder Einwohner von Trumpelitanien hat das Recht zu wäh len.

§ 2 : Wer wahlberechtigt ist, bestimmt das oT.

§ 3 : Briefwahl ist möglich.

§ 4 : Briefwahlstimmen werden zuletzt ausgezählt.

§ 5 : Vor dem Auszählen werden die Stimmzettel sortiert.

§ 6 : Die Sortierkriterien bestimmt das oT.

§ 7 : Den Wahlsieger bestimmt das oT.

§ 8 : Abbruch der Auszählung nach dem ersten Stimmzettel mit dem Namen des Wahlsiegers.

✱✱✱✱✱

Auch hier ist ja wohl eine Anmerkung unvermeidlich : Trumpelitanien ist zweifellos eine lupenreine Demokratur, aber auch ein typisches Beispiel für Absurdistan. Es vereinigt die (dem oT günstig erscheinenden) Eigenschaften einer Demokratie mit den (vom oT als unverzichtbar angesehenen) Methoden einer Diktatur und kann so als Musterländle zur Nachahmung nur wärmstens empfohlen werden. Das

Wahlverfahren erspart Zeit und Geld nach der Devise ; Time is money und Trumpelitanien ist top of the top. Es erspart unnötige und lästige ausländische Wahlbeobachter, die nur Fake-News über die Wahl in alle Welt hinausposaunen würden, aufwändige Zählverfahren und Zählmaschinen, Personal, das für dringendere Aufgaben eingesetzt werden kann, sowie enorme Kosten, die anderen Ländern bei einer Wahl nach anderen Kriterien entstehen würden. Der Wahlsiger steht unmittelbar nach Schließen der Wahllokale fest, kalkulierbare Kontinuität ist gewährleistet. Wer hätte gedacht, dass dieses vor Jahren einmal relevante Thema inzwischen wieder aktuell ist ?

Kapitel 7 : Inselvergnügen

Hallig Hooge – immer einen Ausflug wert.

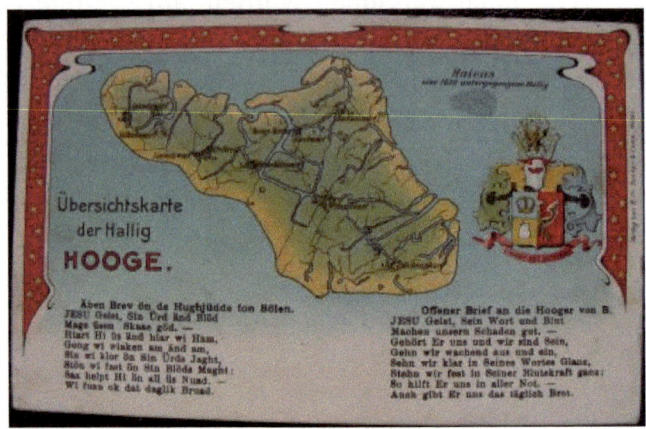

Hallig Hooge (das Bild stammt von einer alten Postkarte) liegt in Nordfriesland mitten im schleswig-holsteinischen Nationalpark Wattenmeer, hat um 100 Einwohner und ist zu jeder Jahreszeit einen Ausflug wert, interessant vor allem im Frühjahr und im Herbst, wenn Tausende Wildgänse auf ihrem Flug in den Süden (Herbst) oder in die Brutgebiete im hohen Norden (Frühjahr) dort rasten, um sich für den Weiterflug zu stärken. Tagesgäste kommen entweder mit der Fähre von Schlüttsiel auf dem Festland oder von den Inseln Amrum, Sylt oder Föhr, seltener von anderen Ausgangshäfen.

Wer mit der Fähre von Amrum, Sylt oder Föhr, also von Westen im Hooger Fahrwasser ankommt, hat vor der Ankunft vom Schiff aus diesen Blick auf die typische Hallig-Silhouette mit den Warften genannten künstlichen Hügeln, den darauf gebauten Häusern und dem dazwischen liegenden Grünland durchzogen von wasserführenden Prielen, Fenne genannt.

Schließlich geht man am Fähranleger an Land und hat von dort einen ersten Blick über die Weite der Hallig-Landschaft und die weit auseinander liegenden Warften.

Die meisten Tagesgäste werden mit einer der Kutschen im gelben Planwagen die übliche Rundfahrt vom Anleger zu 3 der insgesamt 12

Warften der Hallig machen und sich vom Kutscher einiges über die Hallig und das Halligleben erzählen lassen. Dabei geht es zuerst zur Hanswarft, der Hauptwarft der Hallig, mit dem Königspesel, mehreren Museen und Galerien und dem Sturmflutkino, dann zur Kirchwarft (Halligfriedhof und evangelische Kirche von 1637) und zum Schluss zum Friesenpesel auf der Backenswarft kurz vor dem Anleger zur Einkehr vor der Rückfahrt mit dem Schiff. Das sind rund 5 km, zu viel zum Wandern, wie die Reklame für die gelben Planwagen verkündet. Na ja, Nachtigall, ick hör dir trappsen, schließlich leben die Halligbewohner sehr stark vom Tourismus. Und da muss jede(r) sehen, wie sie/er vor allem in der Hauptsaison das Geld für ein ganzes Jahr verdient. Natürlich können auf Wunsch auch andere Rundfahrten gemacht werden.

Ich ziehe es aber vor, über die Hallig zu wandern, alleine oder in einer kleinen Gruppe, den hier auf der Hallig offenbar immer wehenden Wind zu spüren, die Landschaft zu genießen, Vögel zu beobachten und abseits vom Touristentrubel zu bleiben, auch dann wenn ich diese Wanderung zu den drei Warften mache, für mich bequem innerhalb der Aufenthaltsdauer auch ohne Hast und Eile zu schaffen. Da bin dann ich unabhängig vom Drängen des Kutschers, der sein Standardprogramm mit bestimmten Zeitvorgaben absolviert und dann vielleicht zum Aufbruch drängt, wenn mir gerade etwas Interessantes vor die Augen kommt.

Warften sind künstlich angelegte Hügel, auf denen die Häuser mit den Wohnungen und Ställen für Mensch und Vieh zum Schutz vor Sturmfluten erhöht stehen. Inzwischen gibt es sowohl eine Stromleitung als auch eine Wasserleitung vom Festland. Früher musste das Regenwasser aufgefangen werden und in Fething genannten Zisternen oder Vertiefungen in der Warft (siehe folgendes Bild) gesammelt werden.

Ich kann mir selbständig wichtige Stationen auf der Hallig anschauen, so zum Beispiel, wie früher versucht wurde, die Trinkwasserversorgung über Brunnen und Fethinge zu sichern, wie es hier auf den beiden Bildern auf der Hanswarft zu sehen ist.

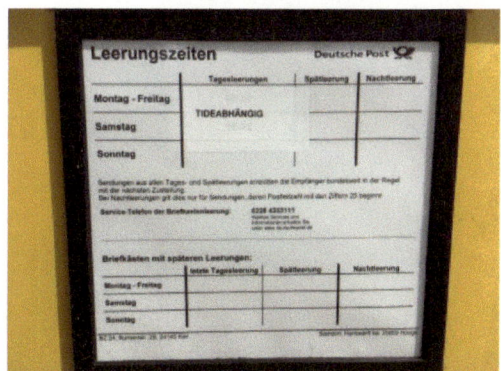

Ich entdecke den Briefkasten, auf dem so typisch für die Halligen die Leerung nicht, wie auf dem Festland üblich, zu festen Zeiten geschieht, sondern abhängig von der Tide ist, also von Ebbe und Flut. Müll muss gesammelt und dann mit der Fähre oder anderen Schiffen zum Festland transportiert werden. Vor einer Galerie auf der Hanswarft fand ich diesen Müll : Schuhe, teils Einzelstücke, teils Paare. Einige wurden im Watt oder auf der Hallig gefunden, andere einfach zu diesen Fundstücken dazu gestellt. Sie hatten ihren Dienst erledigt, wurden angespült oder wurden für eine Wattwanderung angeschafft und dann schlickbehaftet und dreckig hier einfach „entsorgt".

Der Königspesel auf der Hanswarft ist beim ersten Halligbesuch ein absolutes Muss, bei den Kutschfahrten fest eingeplant. Später kann der Besuch wiederholt werden, muss es aber nicht; denn da kann man den Blick auf andere Dinge richten. Beispiele habe ich ja schon erwähnt.

Eigentlich ist in Nordfriesland ein Pesel nur der repräsentative Raum eines Hauses. Auf Hooge wird das ganze Haus Königspesel genannt, eben wegen der besonderen Geschichte.

Bei der Führung durch den Pesel erfährt man viel von dieser Geschichte : Von seinem Erbauer, einem Kapitän, der die vielen Kacheln aus Holland von seinen Reisen mitgebracht hat. Das Bild zeigt ein besonders schönes Motiv aus mehreren Kacheln zusammengesetzt. So hat er im Laufe der Jahre die Zimmer im Haus über und über mit Kacheln ausgeschmückt, aber nicht nur Kacheln. Und auch vom dänischen König Friedrich VI. wird erzählt, der hier, als die Halligen und die Inseln Sylt, Amrum und Föhr zum Königreich Dänemark gehörten, 1825 von einer Sturmflut auf Hallig Hooge überrascht wurde und dort im damaligen Kapitänshaus übernachten musste. Daher der Name „Königspesel" für das ganze Haus. Reklame muss sein, den Bogen haben die Nordfriesen raus, alle Achtung.

Kapitel 8 : Inselerleben

Hallig Hooge – immer einen Ausflug wert. Teil 2

Von der Insel Föhr kann man mit der MS Hauke Haien Ausflüge in die Hallig-Welt machen. Das Bild wurde vom Anleger von Hallig Hooge aus aufgenommen und zeigt das Ausflugsschiff im Hooger Fahrwasser sowie im Hintergrund Warften auf der Hallig Langeness.

Wenn dann auf der Schiffsfahrt von Föhr nach Hallig Hooge das Schiff nach Passieren von Amrum von der Norderaue in die Süderaue abbiegt, dann erleben die Schiffspassagiere kurz vor dem Einbiegen in das Hooger Fahrwasser etwas, für das alleine sich diese Schiffsfahrt bereits lohnt : Das Schiff verlangsamt die Fahrt und umfährt sehr langsam eine Sandbank, auf der Seehunde liegen und sich ausruhen, aber Seehunde sind auch im Wasser vor und hinter der Sandbank. Die Tiere lassen sich vom Schiff nicht stören. Auf einer dieser Fahrten habe ich erlebt, dass sich auch Schweinswale im Fahrwasser hinter dem Schiff tummelten, ein seltenes, aber eben nicht unmögliches Ereignis in diesem Gewässer.

Betritt man die Hallig, wird man vom Ortsschild begrüßt, in 2 Sprachen, deutsch und friesisch. Autos sind auf der Hallig nicht erlaubt.

Wer auf der Hanswarft weder den Königspesel, noch eines der Museen oder eine Galerie besucht, dem sei das Sturmflutkino empfohlen. Auch wenn im Sommer die Sonne scheint, das Wasser kaum Bewegung hat, kann die Nordsee im Wattenmeer ganz schön wüten, wenn Sturm das Hochwasser an die Küsten peitscht. Hier im Sturmflutkino

wird in eindrucksvollen Videos deutlich gemacht, was „Land unter"
auf den Halligen, die ja nicht wie die Inseln durch Deiche oder hohe
Dünen geschützt sind, bedeutet. Auf dem Weg von der Hanswarft
zur Kirchwarft kommt man am Sturmflutmast vorbei, den man sich
genauer anschauen sollte. Am Mast wird durch Ringe dargestellt, wie
hoch über dem normalen Hochwasser das Wasser bei einigen besonderen Sturmfluten gestanden hat. Wenn ich mit meinen 1,88 m den
untersten der 3 oberen Ringe nicht erreiche, dann zeigt das für mich
eindrucksvoll, wie hoch das Wasser bei „Land unter" stehen kann.

Diese Stelle ist gut am Touristen-„Highway" platziert und veran-
schaulicht eindrucksvoll, was man im Sturmflutkino erfahren hat.

Und der Vergleich der beiden Bilder auf der vorigen Seite macht deutlich : Im oberen Bild aus dem Internet sehen wir den Wasserstand am 9.12.2011 vor der Kirchwarft. Die gesamte sonst grüne Fenne ist überflutet und im unteren (etwas anderer Standpunkt, aber genau dieser Priel) von mir sehen wir diesen Priel mit umgebender grüner Fenne an einem normalen Maitag bei normalem Wasserstand.

Der Besuch der Kirchwarft ist für mich ein absolutes Muss auf Hallig Hooge, vor allem wenn man abseits vom Touristenrummel dort eine kurze Auszeit nehmen kann und in aller Ruhe das Innere auf sich wirken lässt.

Oben auf der Kirchwarft befindet sich auch der Friedhof von Hooge neben der Kirche. Ein Blick auf die Grabsteine ist immer interessant, auch wenn dort nicht so interessante „sprechende" Grabsteine vorhanden sind wie auf den Friedhöfen in Nebel auf Amrum oder auf den drei Friedhöfen auf Föhr, die so typisch für Nordfriesland sind, viel über die hiesige Geschichte, Sitten und Bräuche verraten.

Die Kanzel stammt aus einer der Kirchen, die in der großen Sturmflut von 1634, auch große Manndränke genannt, beim Untergang der Insel Strand zerstört wurden. Nach der großen Sturmflut von 1825, bei der Häuser zerstört und 28 Hooger ums Leben kamen, sorgte der dänische König, damals gehörte Hooge zum Königreich Dänemark, für die Erhöhung der Warften sowie für die Instandsetzung der Kirche. Als Dank widmeten ihm die Hooger eine Gedenktafel in der Kirche und das kunstvolle Takelschiff. Dem König zu Ehren wurde der Namenszug FREIDRIG. D.6 am Heck des Schiffes aufgemalt.

Auf dem Weg zurück zum Anleger kommt man an der Backenswarft vorbei, nach der Hanswarft die zweitgröße Warft der Hallig.

Dort kann man entweder im Hallig-Café „Zum blauen Pesel" oder im Restaurant/Café "Friesenpesel" einkehren. Die Kutschfahrten werden so terminiert, dass dafür noch genug Zeit ist. Und wer von den Kutschtouristen will schon lange Zeit am Anleger auf das Schiff warten ? Schließlich sollen gerade Tagestouristen möglichst viel Geld auf der Insel lassen. Wer zu Fuß über die Hallig wandert, kann sich die Zeit einteilen und sich an geeigneter Stelle aus dem Rucksack verpflegen, falls erforderlich. Und ist so viel besser dran; denn bei den Preisen für manch ein Gericht, so verlockend es auch sein mag, habe ich den Eindruck, dass bei der Kalkulation die Jahreszahl einer der großen Sturmfluten (1634, 1825, …) in Euro und Cent in die Kalkulation mit eingerechnet wurde. Gerade von den Einnahmen der Tagestouristen in der Hauptsaison müssen die Hallig-Bewohner das ganze Jahr leben, auch wenn sie fast alle einen (meist zusätzlichen) Job beim Küstenschutz haben.

Das nächste Bild zeigt den Blick zurück von der Backenswarft zur Kirchwarft im Hintergrund. Auf diesem Bild ist die grüne Fenne, die von einem großen Priel durchzogen wird, der auf dem Bild, das weiter oben gezeigt wurde, gut zu sehen ist. Bei „Landunter" ist dies alles vom Wasser überspült, so dass die einzelnen Warften in dieser

Zeit auf sich alleine gestellt sind, weil kein Verkehr zwischen ihnen möglich ist.

Das dritte Bild vom vorigen Kapitel zeigt links im Vordergrund den Fähranleger und rechts weiter im Hintergrund die Backenswarft. Es sind also von dort noch einige Schritte, bis Touristen den Anleger erreichen.

Auf dem ersten Bild in diesem Kapitel sehen wir ein Ausflugsschiff, die MS Hauke Haien, die in diesem Fall mit Tagestouristen von Hallig Gröde kommend im Hooger Fahrwasser den Anleger ansteuert, um die dort abgesetzten Tagestouristen wieder abzuholen. Interessanterweise fährt das Ausflugsschiff auf der Rückfahrt eine andere Route als auf der Hinfahrt, und zwar vorbei am Anleger von Langeness und unmittelbar vorbei am Leuchtfeuer am Westende von Langeness. Das Bild zeigt das Leuchtfeuer, im Hintergrund links die Rixwarft am Anleger von Langeness und ganz im Hintergrund rechts oben die Silhouette von Hallig Hooge. Es wird schon dunkel und Regenwolken hängen über dem Wasser. Das Schiff fährt durch einen Priel, der nur bei bestimmten Wasserständen, die abhängig von Ebbe und Flut sind. durchfahren werden kann, bis es schließlich in der Norderaue wieder die Fahrrinne der großen Fähren erreicht und von dort vorbei am Leuchtfeuer Ohlhörn und der Strandpromenade den Hafen von Wyk auf Föhr ansteuert.

Kapitel 9 :   Strandvogts Reime

Eine Anmerkung zuvor : Bei den hier abgedruckten Reimen vom Strandvogt oder Rauschebart (Rauschi) gilt sinngemäß, was bei den Sprüche und den Texten geschrieben wurde. Auf Anmerkungen wird auch hier verzichtet. Die Reime sollen alleine für sich auf Lesende einwirken.

✱✱✱✱✱

Es spuckt das Lama in den Anden,
in Australien das Känguru.
Es spucken Menschen in allen Landen,
auf meinem Profil spukst nur Du.
(frei nach Joachim Ringelnatz)

✱✱✱✱✱

Es sagte Herr von Finkenstein :
"Die Harzer Käse stinken fein."
Das Freifräulein von Schrottenglecht
spielt das Piano grottenschlecht.
Die junge Frau von Grottenfleiß,
die liebte so manch flotten Greis.
Die arme Maxi Wimmerschlahn,
die quälte so manch schlimmer Wahn.
Und selbst der Traugott Novedus,
der knackte so manch doofe Nuss.

✱✱✱✱✱

Der Rauschi schreibt mit großer Lust im Chat so manchem Nick.
Er hätte nur zu gern gewusst : Sein Bart, ist der wohl schick ?
Und fällt Dir eine Antwort ein, gereimt muss die nicht sein,
schreib sie in eine Nachricht rein, er wird sich riesig freun.

*****

Ist der Rauschi gar ein Bengel oder ein verkappter Engel ?
Eines ist doch ganz gewiss, weil es die reine Wahrheit ist :
Wenn er ein schlimmer Bengel ist, ihn wohl kaum ein Engel küsst.
Doch es gibt auch liebe Engel, die gern haben nette Bengel !

*****

Freundschaft

F reunde zu haben, ist wunderbar,

R ichtige Freunde sind selten und rar.

E inen zu finden, ist gar nicht so leicht,

U nd hast Du es dennoch einmal erreicht,

N imm ihn auf und halte zu ihm fest,

D amit er Dich niemals wieder verlässt.

S chenk ihm Dein Vertrauen, höre ihn an,

C hancen zur Freundschaft sind schnell vertan.

H ast Du erkannt, dass ihr euch versteht,

A chte darauf, wie es dem Freunde ergeht.

F lüchte nicht nur in der Not zu ihm hin,

T eile auch Lachen und Freude mit ihm.

*****

Nackt liegst du vor mir,
atemberaubend, dieser Anblick von dir,
dein Duft macht mich ganz liebeskrank,
ich zwischen Gut und Böse schwank,
lange kann ich dich so nicht sehen,
kann dir kaum noch widerstehen,

du bist so sanft verführerisch,
ich will dich spüren innerlich.

Zunge fängt nun an zu schmecken
und zärtlich dann an dir zu lecken,
immer tiefer gleitest du hinein,
bald schon bist du mein allein.
Wieder hast du mich verführt,
meine Gier nach dir geschürt,
muss dich lieben, muss dich hassen,
kann einfach nicht mehr von dir lassen.

Du schmeckst so lecker, herrlich süß
dass ich für diese Sünde gerne büß.
Für mich ist es Schoko-, Nuss-, Vanilleeis,
damit es jetzt auch jeder weiß.

*****

Minimax

Die Reklame für Feuerlöscher verspricht :
Feuer bricht erst gar nicht aus, hast Du Minimax im Haus.

Der erfahrene Praktiker ergänzt :
Minimax ist großer Mist, wenn Du nicht zu Hause bist.
Hängt Dein Minimax im Keller,
brennt der Dachstuhl umso schneller.
Trotz Minimax wird ungeniert des Bauern Scheune warm saniert.
Hast Minimax versprüht im Zimmer, lohnt das Renovieren nimmer.
Trotz Minimax, man glaubt es kaum,
ging auf in Rauch so mancher Traum.
Minimax im Sofakissen wird man wohl entfernen müssen.
Sprühst Du es in die Kuchenform, veränderts den Geschmack enorm.
Ist Dein Minimax ganz leer, dann rufe schnell die Feuerwehr.

Fließt es ins Gemüsebeet, der Maulwurf um sein Leben fleht.
Sprüh Minimax in Deinen Bart, und Du erblondest ganz apart.
Minimax ist wunderschön, doch lass ichs im Regale stehn.
Fürs Feuer -- zu teuer.

*****

Willst Du Dich im Chat erfreun, warte, bis kommt Version 9.
Doch zuvor, habet mal Acht, kommt doch erst die Version 8.
Der Programmierer muss noch viel üben,
das merkst Du schon in Version 7.
Er engagiert noch schnell ne Hex, doch die vermurkst Version 6.
Unwillig murrst Du schon bei der fünften Version.
Und jetzt ärgerst Du Dich hier, Du trauerst ja um Version 4.
Wie schön war da doch Version 3, die war einmal der letzte Schrei.
Und bei Version Nummer 2, lang lang ists her,
gabs an Mitgliedern noch sehr viel mehr.
Sind wir erst in Version 10, wird es Zeit für uns zu gehn;
denn spätestens in Version 11 ist es bildlich 5 vor 12.
Liebe Chatter, welch ein Graus,
mangels Nutzern gehn dann alle Lichter aus.

*****

Wenn einer, der mit Mühe kaum, geklettert ist auf einen Baum
schon meint, dass er ein Vogel wär, dann irrt sich der.
(Wilhelm Busch)

Wenn eine, die mit Müh und Klicker tagtäglich spammt so 40 Ticker
schon meint, Emotions würden nur so rauschen
die soll die rosarote Brille einmal tauschen :
Emotions gibts für Qualität und eben nicht für Quantität.
(Jodokus Rauschebart)

*****

Zur Weiberfastnacht

Männer, Euer Schlindewipps, heut verschwindet er ganz fix;
denn es macht landauf landab überall nur schnipp di schnapp.
Es ist ja Weiberfasteleer, wos Bützen so viel Freude macht.
Die Koellsche Moesch am Aldermaadt,
die fiiert janz auf koellsche Aat.

Ein bekannter rheinischer Heimatdichter meint dazu :
Onn Wieverfasteleer,
da donn ich mir nen affjeschnibbelten Schlips ömmhänge.
Schnibbeln bei mich bei, darr jibbett nich,
abba bützen, datt donn ich für min leven jeen.
Also hau rein, levs mädje, komm bei mich bei.

*****

Kapitel 10 : Wanderglück

Lake Minnewanka – „das Wasser der Geister".

„Wo wollen wir morgen hinfahren ?", fragt mich mein Schwiegersohn am Freitag Abend und ist erstaunt über meine Gegenfrage :
„Was können wir in höchstens einer Stunde Autofahrt erreichen ?"
Die Frage erscheint einem Franko-Kanadier, der schon einige Zeit im
Westen wohnt, ungewöhnlich, auch dass meine Frau nur für eine so
kurze Autofahrt plädiert. Und so lerne ich, dass man einem Kanadier
normalerweise sagt, wohin man will. Und falls das Ziel interessant
ist, macht man diese Fahrt, erledigt alles, was man am Ziel tun möchte, und fährt wieder zurück. Und wenn eine Übernachtung dafür erforderlich ist, dann übernachtet man eben. Aber ich stecke an einem
Bleistift eine Strecke ab, die in etwa der Fahrtstrecke von einer Stunde entspricht, zeichne auf der Landkarte einen Halbkreis nach Norden, also in den Banff Nationaloark hinein, wobei unser Ausgangspunkt der Kreismittelpunkt ist. Mein Schwiegersohn und meine
Tochter schauen gespannt zu. „Typisch Mathematiker.", höre ich.
Vieles von dem, was der Bleistift überstreicht, ist nicht einfach erreichbar, zum Teil auch gar nicht erreichbar. Und plötzlich bin ich an
einer blauen Fläche angelangt, Lake Minnewanka steht auf der Land-

karte. Meine Tochter ist noch nie dagewesen, also das ist unser Ziel für den Samstagsausflug, da für das Wetter vielversprechende günstige Aussichten prognostiziert werden.

Der Lake Minnewanka ist der größte See im Banff-Nationalpark, ein beliebter Ausflugsort zum Angeln, Bootfahren, Mountainbiken, Wandern, Tauchen und Picknicken. Einer der Parkplätze und ein Picknickbereich am See liegen nur gut 5 km von der von Touristen stark besuchten Kleinstadt Banff entfernt.

Der Name Minnewanka stammt aus der Sprache der Nakota-Indianer und bedeutet "Wasser der Geister". Die Ureinwohner glaubten, dass im See Geister lebten. Die ersten Europäer, die in diese Gegend kamen, nannten den See hingegen "Devil's Lake" (Teufelssee).

Ende des 19. Jahrhunderts wurde am Seeufer eine kleine Sommer-
stadt für Urlauber erbaut. 1941 wurde der See eingedämmt, um elektrische Energie zu erzeugen. Dadurch stieg der Wasserspiegel um 30
Meter an, die Stadt wurde überflutet. Heute ist diese Unterwasser-
stadt ein beliebtes Ziel für Tauchgänge. An seiner tiefsten Stelle ist

der See 142 Meter tief. Die Länge des Sees beträgt 28 Kilometer. Es gibt mehrere Anbieter, die auf dem See Bootsfahrten veranstalten. Viele Wanderwege führen um den See herum, die auch mit Mountainbikes gerne befahren werden. In der Umgebung des Sees leben unter anderen Rehe, Bären, Bergschafe und Adler.

Die Bighornschafe halten sich wie in den Bildern gerne auf den Parkplätzen oder auf den Felsen oberhalb der Straße auf.

Welcher Autofahrer geht nicht sofort vom Gas, wenn er um die Kurve fahrend oberhalb der Straße das Szenario vom vorigen Bild sieht ? Und meint, er habe einen kapitalen Bighorn-Schafbock zu Gesicht bekommen, der sich stolz auf dem Felsen präsentiert. Und ist dann überrascht und erfreut, wenn er sieht, wie naturgetreu ein Künstler dieses Musterexemplar als Denkmal aus dem Felsen gehauen hat

Das Bild ist eine Panaromaaufnahme von der 2281 m hoch gelegenen Bergstation der Gondola auf dem Sulphur Mountain. Unterhalb der Begrenzung der Aussichtsplattform ist die Kleinstadt Banff zu sehen mit dem Bow River, der durch einen Film mit Marilyn Monroe (River of no Return) bekannt wurde. Dazu die Bergzüge in diesem südöstlichen Teil des Banff National Parks. Ganz im Hintergrund leuchtet oben in der Mitte das blaue Wasser des Lake Minnewanka.

Kapitel 11 : Wanderfreuden

The Grassi Lakes Trail –

Wandern im Bow Valley Provincial Park.

Fährt man kurz vor dem Banff National Park in Canmore vom Transcanada Highway Nummer 1 ab, durchquert Downtown über die Main Street, überquert den Bow River und fährt bergan vorbei an der Quarry Lake Recreational Area und dem Nordic Centre Provincial Park, wo alljährlich im Winter der Weltcupzirkus der nordischen Wintersportdisziplinen Station macht, sowie einem Stausee, dessen Wasser über 100 m tiefer im Kraftwerk am Bow River elektrische Energie erzeugt, gelangt man dort, wo die asphaltierte Straße in eine Schotterpiste übergeht, zu einem Wanderparkplatz, dem Ausgang für verschiedene Grassi Lakes Trails. Dort kann man sich an einer Informationstafel die verschiedenen Möglichkeiten zeigen lassen (siehe Bild oben). Vor allem aber ist es wichtig, sich zu vergewissern, dass keine aktuelle Bärenwarnung ausgegeben worden ist. Klug handelt, wer vor Fahrtantritt im Internet nach Warnungen (Bär, unwegsame Wegstücke, defekte Brücken, etc) nachschaut, vor allem nach heftigen Gewittern und Regen.

Nach einigen Schritten kommt eine Verzweigung, wo es nach rechts auf einem einfachen ständig bergauf ansteigenden Waldweg zu den Grassi Lakes geht. Es sind aber immerhin mindestens 203 Höhenmeter zu ersteigen.

Geht man nach links, gelangt man über andere anspruchsvollere Wege zum gleichen Ziel, wobei es über mehr oder weniger steil ansteigende Teilstücke, zum Teil auch an steinschlaggefährdeten Passagen vorbei geht. (siehe die folgenden Bilder)

Auf einem dieser anspruchsvolleren Wege kommt man direkt am Wasserfall vorbei, der von den Grassi Lakes gespeist wird. Aber auch auf dem einfachen Weg bieten sich Ausblicke darauf. Und beherrschend in der Bildmitte der Ha Ling Peak (2 407 m) oder im Volksmund auch Chinaman's Peak genannt, benannt nach dem als Erstbesteiger geltenden chinesischen Koch Ha Ling, der beim Bau der Eisenbahnstrecke der Pacific Railways durch das Tal des Bow River mitgearbeitet hat.

Schließlich erreicht man den unteren Grassi See mit seinem türkisfar-
big schimmernden Wasser. Hier ist der als einfach gekennzeichnete
Wanderweg zu Ende. Weitere 30 Höhenmeter darüber befindet sich
der obere Grassi See, der an einer Seite von fast senkrecht in die
Höhe strebenden Felswänden begrenzt wird, einem Paradies für Klet-
terfans. Dort findet man auch über 1 000 Jahre alte Felszeichungen,
eine lässt sich als Bild eines Medizinmanns deuten.

83

Auf dem nächsten Bild ein Blick vom Bergpfad oberhalb des oberen Grassi Sees auf den oberen Grassi See.

In der Wanderkarte ist ein Bergpfad eingezeichnet, der zum Whiteman's Gap hoch führt, einem Bergpass zwischen dem Ha Ling Peak und dem Mount Rundle (2 948 m), über den auch die Autostraße führt, die wir unten zum Wanderparkplatz hin verlassen haben. Oben am Bergpass ist noch ein großer See in der Karte eingezeichnet, ein Stausee, dessen Wasser die Turbinen unten im Tal des Bow River antreibt.

Als letztes Bild ein Blick auf den unteren Grassi See und dann über das Tal des Bow River bis hin zu den Bergen am anderen Ufer des Bow.

Ein Blick zurück hinunter zum Stausee, den wir bei der Anfahrt halb umrundet haben ebenfalls über das Tal des Bow River bis hin zu den Bergen am anderen Ufer des Bow. Und beim Abstieg erinnern wir uns an den Gesang einer Schulklasse, die uns bei unserem Aufstieg begegnet ist. Die Kids sangen ein Lied vom Bruder Bär, das entweder endlos viele Strophen hat, oder dessen Strophen sie ständig wiederholt haben. So genau war das nicht herauszuhören. Es gab an diesem Tag keine Bärenwarnung, aber so macht man sich einem Bären gegenüber auf eine weite Strecke hin bemerkbar. Und ich muss auch heute noch schmunzeln, wenn ich daran danke; denn auch unsere Gespräche waren lauter als sie es normalerweise sind, ein Ratschlag von einer der Infotafeln am Wegesrand, den wir befolgt haben.

Kapitel 12 : Strandgut

Auch hier eine Anmerkung zuvor : Bei den hier abgedruckten Texten gilt sinngemäß, was bei den Sprüchen, Reimen und Texten geschrieben wurde. Fundstellen waren im Internet Profilseiten, Gästebücher oder Chatmitteilungen. In der Regel wurden die Texte auf die jeweilige Situation abgewandelt, ergänzt oder umformuliert. Auf weitere Anmerkungen verzichte ich, die Texte sollen alleine ganz für sich auf Lesende einwirken.

*****

Eines Nachts hatte ich einen Traum:
Ich ging am Meer entlang mit meinem Herrn.
Vor dem dunklen Nachthimmel erstrahlten, Streiflichtern gleich,
Bilder aus meinem Leben.
Und jedes Mal sah ich zwei Fußspuren im Sand,
meine eigene und die meines Herrn.
Als das letzte Bild an meinen Augen vorübergezogen war,
blickte ich zurück.
Ich erschrak, als ich entdeckte,
dass an vielen Stellen meines Lebensweges
nur eine Spur zu sehen war.
Und das waren gerade die schwersten Zeiten meines Lebens.
Besorgt fragte ich den Herrn:
„Herr, als ich anfing, dir nachzufolgen, da hast du mir versprochen,
auf allen Wegen bei mir zu sein.
Aber jetzt entdecke ich,
dass in den schwersten Zeiten meines Lebens
nur eine Spur im Sand zu sehen ist.
Warum hast du mich allein gelassen,
als ich dich am meisten brauchte?"

Da antwortete er: „Mein liebes Kind, ich liebe dich
und werde dich nie allein lassen, erst recht nicht in Nöten und
Schwierigkeiten.
Dort, wo du nur eine Spur gesehen hast, da habe ich dich getragen."
Von : Margaret Fishback Powers

✱✱✱✱✱

Ich danke allen, die meine Träume belächelt haben,
sie haben meine Fantasie beflügelt.
Ich danke allen, die mich in ihr Schema pressen wollten,
sie haben mich den Wert der Freiheit gelehrt.
Ich danke allen, die mich belogen haben,
sie haben mir die Kraft der Wahrheit gezeigt.
Ich danke allen, die nicht an mich geglaubt haben,
sie haben mir zugemutet Berge zu versetzen.
Ich danke allen, die mich abgeschrieben haben,
sie haben meinen Mut geweckt.
Ich danke allen, die mich verlassen haben,
sie haben mir Raum gegeben für Neues.
Ich danke allen, die mich verraten und missbraucht haben,
sie haben mich wachsam werden lassen.
Ich danke allen, die mich verletzt haben,
sie haben mich gelehrt, im Schmerz zu wachsen.
Ich danke allen, die meinen Frieden gestört haben,
sie haben mich stark gemacht, dafür einzutreten.
Vor allem aber danke ich allen,
die mich lieben, so wie ich bin,
sie geben mir die Kraft zum Leben.
Paulo Coelho

✱✱✱✱✱

Jeder Freund ist wie ein Sonnenaufgang,
wenn er da ist, erwärmt er das Herz,
wie ein Frösteln,
wenn er sich irgendwo weit hinter den Wolken versteckt,
und jede Nachricht von ihm ist wie ein Strahl,
der die Wolken durchdringt.
Bleib so, wie Du bist. Ich mag Dich sehr gern.
Schön, dass wir uns kennen.

*****

Irischer Reisesegen
Mögen sich die Wege vor Deinen Füßen ebnen,
mögest Du den Wind im Rücken haben.
Mag die Sonne warm Dein Gesicht bescheinen,
mag der Regen sanft auf Deine Felder falln.
Und bis wir uns wiedersehen,
möge Gott seine Hand schützend
über Dir halten.

*****

Berühre mich, aber kralle Dich nicht an mir fest.
Gib mit **Geborgenheit**, aber sperr mich nicht ein.
Rede mit mir, aber **verbiete** mit nicht den Mund.
Sage mir Deine **Wünsche**, aber zwinge mich zu nichts.
Lache mich an, aber nicht aus.
Mache mich **atemlos**, aber nimm mir nicht die Luft.
Lass mich **frei**, damit ich Dir freiwillig alles geben kann,
was Du nicht festhalten musst.

*****

Das Hohelied der Liebe
Wenn ich mit Menschen- und mit Engelszungen redete,

und hätte der Liebe nicht,

so wäre ich ein tönend Erz oder eine klingende Schelle.

Und wenn ich weissagen könnte

und wüsste alle Geheimnisse und alle Erkenntnis

und hätte allen Glauben, also dass ich Berge versetzte,

und hätte der Liebe nicht,

so wäre ich nichts.

Und wenn ich alle meine Habe den Armen gäbe

und ließe meinen Leib brennen,

und hätte der Liebe nicht, so wäre mir's nichts nütze.

Die Liebe ist langmütig und freundlich, die Liebe eifert nicht,

die Liebe treibt nicht Mutwillen, sie blähet sich nicht,

sie stellet sich nicht ungebärdig, sie suchet nicht das Ihre,

sie lässt sich nicht erbittern, sie rechnet das Böse nicht zu,

sie freut sich nicht der Ungerechtigkeit,

sie freut sich aber der Wahrheit;

sie verträgt alles, sie glaubet alles, sie hoffet alles, sie duldet alles.

Die Liebe höret nimmer auf,

so doch die Weissagungen aufhören werden

und die Sprachen aufhören werden

und die Erkenntnis aufhören wird.

Denn unser Wissen ist Stückwerk,

und unser Weissagen ist Stückwerk.

Wenn aber kommen wird das Vollkommene,

so wird das Stückwerk aufhören.

Da ich ein Kind war,

da redete ich wie ein Kind und war klug wie ein Kind
und hatte kindische Anschläge;

da ich aber ein Mann ward, tat ich ab, was kindisch war.

Wir sehen jetzt durch einen Spiegel in einem dunkeln Wort;

dann aber von Angesicht zu Angesicht. Jetzt erkenne ich stückweise;

dann aber werde ich erkennen, gleichwie ich erkannt bin.

Nun aber bleibet Glaube, Hoffnung, Liebe, diese drei;

aber die Liebe ist die größte unter ihnen."

(1.Korinther 13, 1 – 13)

*****

Das kölsche Grundgesetz oder die 11 kölschen Gebote

mit Übersetzungen in Hochdeutsche (H) und Erklärungen für Imis und andere der kölschen Hochsprache Unkundigen (U)

§ 1 : Ett es wie ett es ! (H) Es ist, wie es ist !

(U) Sieh den Tatsachen ins Auge,
Du kannst eh nichts ändern.

§ 2 : Ett kütt wie ett kütt ! (H) Es kommt, wie es kommt !

(U) Füge Dich in das Unabwendbare, Du kannst ohnehin nichts am Lauf der Dinge ändern.

§ 3 : Ett hätt noch immer joot jejange !

(H) Es ist noch immer gut gegangen !

(U) Was gestern gut gegangen ist, wird auch morgen funktio-nieren.

§ 4 : Watt fott es, es fott ! (H) Was weg ist, ist weg !

(U) Jammer den Dingen nicht nach und trauer nicht um längst vergessene Dinge.

§ 5 : Ett bliev nix, wie ett woor ! (H) Nichts bleibt, wie es war !

(U) Sei offen für Neuerungen.

§ 6 : Kenne mer nitt, bruuche mer nitt, fott domett !

(H) Kennen wir nicht, brauchen wir nicht, weg damit !

(U) Sei kritisch, wenn Neuerungen überhand nehmen.

§ 7 : Wat wellste maache ? (H) was willst Du machen ?

(U) Füg Dich in Dein Schicksal.

§ 8 : Maach ett joot, äwwer nitt ze off !

(H) Machs's gut, aber nicht zu oft !

(U) Qualität geht über Quantität.

§ 9 : Watt sull dää Quatsch ? (H) Was soll das sinnlose Gerede ?

(U) Stell immer die Universalfrage.

§ 10 : Drinkste eine mett ? (H) Trinkst Du einen mit ?

(U) Komm dem Gebot der Gastfreundschaft nach.

§ 11 : Do laachste disch kapott ! (H) Da lachst Du Dich kaputt !

(U) Bewahr Dir eine gesunde Einstellung zum Humor.

✳✳✳✳✳

Ich schenke Dir etwas. Rate mal, was es ist.

Ein aufmunterndes Lächeln !

Ein Lächeln kostet nichts, wirkt aber immer.

Es erfreut den, für den es bestimmt ist,

ohne dass es den, der es gewährt, ärmer macht.

Es dauert nur einen Moment, die Erinnerung daran kann ewig sein.

Es ist ein Zeichen von Freundschaft. Ein Lächeln beruhigt, ermutigt.

Und solltest Du manchmal Personen begegnen,

die Dir nicht das Lächeln schenken, das Du verdienst, sei großzügig,

schenk ihnen Dein Lächeln.

Denn niemand braucht ein Lächeln mehr,

als derjenige, der anderen keines schenken kann.

Kapitel 13 : Inselsehnsucht

Langeoog – die vom Strandvogt meistbesuchte Insel

Aus der Luft sieht die Nordseeinsel Langeoog vom Flugzeug aus so aus wie auf dem obigen Bild, wenn der Flugplatz der Insel von Westen her angesteuert wird. Ganz vorne sind die Sandbänke in der Accumer Ee, dem Seegatt, das die Inseln Baltrum und Langeoog trennt, zu sehen, dahinter der Strand, dann das Dorf, dahinter der Hafen, nach rechts das Flinthörn, nach hinten links oben das Ostende der Insel und ein Hauch der Nachbarinsel Spiekeroog und rechts hinten das Festland.

Entweder lassen wir das Auto am Festland in Bensersiel hinter dem Deich in einer Garage stehen oder wir kommen mit öffentlichen Verkehrsmitteln, also per Bahn und Bus, und das ist der Regelfall in der letzten Zeit. Dann lassen wir uns im Fährhaus in Bensersiel (siehe Bild auf der vorigen Seite) unsere Langeoog-Card aushämdigen, die gleichzeitig Fährkarte und Kurkarte ist.

Wenn wir dann die Fähre besteigen, beginnt schon dort unser Urlaub. Wir lassen alles hinter uns, die Erholung beginnt. Wenn das Schiff den Anleger in Bensersiel verlässt wie auf dem Bild, dann begegnen wir nach der Ausfahrt aus der langen Hafenmole von Bensersiel mitten im Wattenmeer der von Langeoog kommenden Fähre.

Auf dem Bild ist es die Langeoog III. Iim Hintergrund rechts sind hinter dem Krabbenkutter schon die Dünen am Flinthörn auf Langeoog zu sehen.

Vor dem Verlassen des Schiffs noch schnell ein Blick in den Hafen, um zu sehen, welche Schiffe außer dem Seenotrettungsbot und den Seglern am Seglersteg im Moment zu sehen sind. Auf dem Bild ist im Hintergrund rechts eines unserer Lieblingslokale, die Kajüte im Seglerheim, und links dahinter eine Halle zu sehen, in der die kleinen Boote überwintern.

Ab Bensersiel sind es insgesamt etwa 1 Stunde Fahrt, abhängig von der Tide, also vor allem dem Wasserstand in der Fahrrinne zwischen den Molen in Bensersiel sowie den Sänden im Watt. Es schließt sich eine kurze Fahrt vom Anleger ins Dorf mit der bei allen Inselbesuchern beliebten bunten Nostalgiebahn in der Einheitsholzklasse an. Die Fahrt geht zunächst durch Wiesen, wo nicht nur Pferde weiden, sondern vor allem im Frühjahr und Herbst Zugvögel rasten. Dann ist es immer wieder spannend, welche Vögel gerade vom Zugfenster aus zu sehen sind.

Wenn der Zug auf seiner Trasse parallel zur Störtebeckerstraße am Wäldchen und dem Golfplatz vorbei fährt, und wir zur Rechten den Inselflugplatz sehen, dann ist der Bahnhof nicht mehr weit entfernt. Steigt man am Bahnhof (siehe Bild auf der nächsten Seite) aus und geht wie alle Tagestouristen durch die Hauptstraße, kommt man an die Stelle, von der aus das zweite Bild auf Seite 98 gemacht worden ist und erblickt den Aufgang zu der Düne, auf der das Wahrzeichen von Langeoog, der Wasserturm, steht.

Dort kommen wir jeden Tag auf unserem Weg zum Strand vorbei. Aber nach der Ankunft suchen wir zunächst unser Logierhaus auf, in dem eine gemütliche Ferienwohnung auf uns wartet.

Dabei kommen wir an der Inselkirche, der evangelischen Kirche, vorbei, die wir genau wie auf dem Bild mit dem sie umgebenden Friedhof von der Mittelstraße aus sehen. Deren bemerkenswertes Inneres werden wir später einmal in aller Ruhe auf uns einwirken lassen. Wer auf der Hauptstraße im Touristenstrom „mitschwimmt", verpasst diesen Blick, weil die Bauten an der Haupt- und der Kirchenstraße die Sicht auf die etwas abseits dieser Straßen liegende Inselkirche versperren. Interessant und umstritten ist das Alterbalid von Hermann Buß aus Norddeich, das auf dem nächsten Bild genau hinten in der Mitte zu sehen ist. Nicht allen Kirchenbesuchern gefällt dieses Bild, es sorgt für Diskussionen.

(https:://inselkark.de/Inselkirche/Altarbild.htm)

Irgendwann kommen wir, wenn wir einen anderen Strandzugang wählen, auch an der katholischen Kirche St. Nikolaus vorbei, deren Turm im Volksmund liebevoll „Möwensprungschanze" heißt. (Bild auf der nächsten Seite) Touristen, die den direkten Weg vom Bahnhof zum Strand gehen, kommen am Ende der Hauptstraße dort, wo sie in einen Fußweg auf die Kaapdüne hinauf übergeht, am Brunnen mit dem Denkmal für die Sängerin Lale Andersen vorbei, siehe das zweite Bild auf der nächsten Seite.

Lale Andersen ist auf dem Dünenfriedhof begraben, der Weg zum Grab beschildert und daher leicht zu finden. Der Besuch des Dünenfriedhofs mit seinen 3 Teilen (Insulanergrabstätten, Baltenfriedhof, Russenfriedhof) kann allen Inselbesuchern, auch Tagestouristen) sehr empfohlen werden. Es ist alles gut ausgeschildert und auf Schautafeln erklärt. Bevor man den Friedhof erreicht, kommt man am Sonnenhof vorbei, wo Lale Andersen lange gelebt hat, wenn sie auf der Insel war. (zweites Bild auf der nächsten Seite)

Zurück zum Denkmal von Lale Andersen und dem Dünenübergang am Wasserturm. Von hier aus geht es durch ein Dünental, dann über die Randdünen, bis endlich der Strand erreicht ist. Das Bild auf der nächsten Seite zeigt den Badestrand ganz realisisch außerhalb der Hauptsaison. Zum einen, weil er nicht übervölkert ist, zum anderen weil an der See nicht immer die Sonne vom wolkenlosen Himmel herunter brennt.

Viel Interessanter ist vor allem im Frühjahr und im Herbst das Spiel von Licht und Schatten, wenn Wolken aufziehen, wenn die Wellen in immer wechselnden Intensitäten an den Strand rollen. Zu diesen Jahreszeiten kann man weiter im Osten der Insel auch schon mal einen menschenleeren Strand vor sich haben mit der Sandbank, die durch einen Priel vom Inselstrand getrennt ist, dahinter die auflaufenden und sich dort brechenden Wellen. Und ahnt dabei nicht, wie stark diese sich jetzt so sanft anlaufenden Wellen gerade bei Sturmfluten am Sandstrand und an den die Insel schützenden Dünen nagen können. Auch dies ist ein eindrückliches Inselerlebnis. Dies soll ein erster Einblick auf die Lieblingsinsel vom Strandvogt sein, sehr subjektiv, andere Inselbesucher würden vielleicht ganz andere Dinge in den Mittelpunkt ihrer Darstellung rücken.

Kapitel 14 : Inseltraum

Langeoog – Überblicke und Ausblicke

Wenn wir auf der Nordseeinsel Langeoog angekommen sind, ausge-
packt und den ersten Bedarf eingekauft haben, geht der erste Weg an
den Strand. Dabei müssen wir zuerst eine kleine Düne hoch und stehen vor dem Seemannshus, einem ehemaligen Fischerhaus im alten
Insulanerstil. Heute ist dort das Heimatmuseum untergebracht. Aber
noch attraktiver ist es für Brautpaare, die heiraten wollen, und das
dort auch gerne tun : Das Standesamt der Insel ist dort.

101

Ein paar Schritte weiter Richtung Kaapdüne und wir kommen unterhalb des Wasserturms auf den direkten Weg vom Bahnhof zum Strand, den Tagesurlauber meist gehen. Aber uns zieht es nicht sofort an den Strand, sondern auf die Plattform des Wasserturms, von der wir einen tollen Ausblick in alle Richtungen haben.

Zuerst einmal der Panoramablick Richtung Dünen, Strand und Meer. Ganz links der Weg, den der Strandvogt meist geh. Er ist der kürzeste. Vom Übergang an der Kaapdüne hinunter ins Dünental, vorbei an den Toilettenhäuschen, auf einem Holzlattenweg hinauf zur Randdüne und dann hinunter zum Strand.

Das Bild zeigt diesen Weg etwas genauer. Wenn wir dann den Dünenkamm überquert haben, senkt sich der Weg zum Strand. Das Bild auf der nächsten Seite zeigt hinter dem Strand die große Sandbank und den dazwischen liegenden Priel, das bevorzugte Übungsgelände der Surfer bei gutem Wetter und hohem Wasserstand, und ganz im Hintergrund erkennt man die Konturen der Nachbarinsel Baltrum.

Einen der vielen alternativen Strandzugänge gehen wir, wenn wir am Übergang Kaapdüne leicht nach rechts abbiegen und den Weg in der Mitte des Panaromabildes zum Hauptbad gehen, zu erkennen an den bunten Häusern, die den Helgoländer Hummerbuden nachempfunden sind. Dort ist der nächste Strandübergang. Das obere Bild zeigt dieses Ausschnitt etwas genauer, vor allem auch die Schiffe am Horizont an einer der Schifffahrtslinien draußen auf der Nordsee. Man kann auch oben über den Dünenkamm gehen und steigt vom Hauptbad vorbei am Tenniscenter hoch auf die Aussichtsdüne mit der

Strandhalle, dem hellen Gebäude auf dem Panoramabild, auf dem wir ganz rechts auch noch die Givtbude entdecken, Geschäft und Atelier des Inselmalers Anselm. Zwischen Strandhalle und Givtbude ist als großer Komplex noch das Gebäude mit dem Meerwasserhallenbad zu erkennen. Von unserer Warte auf der Aussichtsplattform beim Wasserturm ist vom weiten weißen Strand nichts zu sehen, die Randdünen verdecken ihn. Man kann hier oben lange verweilen und mit einem guten Fernglas viel sehen. Es lohnt zu jeder Tageszeit, auch nachts, wenn die Lichter auf der Insel, dem Festland leuchten und auch die Tonnenbeleuchtung im Fahrwasser blinkt.

Einen Blick zurück von der Plattform ins Dorf vorbei an der Buchhandlung Krebs links und anderen Geschäften über das Lale Andersen Denkmal in den Anfang der Hauptstraße mit der Pferdekutsche zeigt das Bild. Rechts überragt der Turm der Inselkirche die Dächer ein wenig. Wir sehen auch andere in etwa gleich hohe Gebäude. Ein Blick von der Plattform in eine andere Richtung über die Dünen zur katholischen Kirche, den Kinderheimen am Weststrand bis zum fernen Festland, das nur unscharf zu erkennen ist. Zum Glück; denn die durch viel zu viele Windräder „verspargelte" und verschandelte Landschaft wirkt nicht gerade attraktiv und einladend.

104

Ein besonderes Highlight stellt ein Blick auf den Wasserturm und das Inseldorf von einem Flugzeug aus dar, ein Blick in die breite Hauptstraße über den Bahnhof (obere Hälfte links), die Gebäude der Bahn (obere Hälfte rechts) bis hin zum Sportplatz und dem großen Kinderspielplatz neben dem Sportplatz.

Machen wir im Westen der Insel einen Gang am Flutsaum der Accumer Ee, dem Seegatt zwischen den Inseln Baltrum und Langeoog, entlang nach Südwesten mit Blick über die vorgelagerte Sandbank hin zur Nachbarinsel Baltrum oder ins Watt zwischen den Inseln und dem Festland. Er führt uns an die Grenze der Ruhezone des Nationalparks Wattenmeer, die nicht betreten werden darf, weil es ein Brut- und Rastgebiet für Vögel ist.

Dort geht es dann auf ausgeschildertem Weg in die Dünen zur Aussichtsplattform am Flinthörn.

Macht man eine Radtour in den Inselwesten, kommt man zum Anfang des Naturpfads am Flinthörn oder kurz davor zum Dünenübergang und kann dort das Rad parken. Immer wieder beeindruckend ist der Blick hinüber zur Nachbarinsel Baltrum, ins Watt zum Festland, immer ein anderes Wolkensystem, ein anderes Spiel des Lichts mit Wasser und Sand,

besonders bei Sonnenuntergang, aber auch von anderen Dünenübergängen, die nach Westen führen.

Es gibt andere Punkte, von denen man einen guten Überblick über die Insel, auf die Nordsee und zum Festland hin hat, die man am besten bei einer Radtour in den Inselosten besucht. So etwas gehört zum Pflichtprogramm bei einem mehrtätigen Inselaufenthalt. Hinter der Heerenhaussiedlung befand sich auf einer hohen Düne die Seenotbeobachtungsstation. Inzwischen ist sie abgebaut, der gute Rundblick ist geblieben. Und von der nicht weit davon entfernten Melkhörndüne (Bild), mit ihren rund 20 m Höhe eine der höchsten Erhebungen in Ostfriesland, hat man einen tollen Rundblick.

Auf dem inzwischen gut ausgebauten Radweg in den Osten (Bild) kommt man zuerst am Zeltplatz, dann an der Jugendherberge vorbei.

Eine Rast lohnt immer am Vogelwärterhaus (Bild auf der vorigen Seite) und auch der Weg dort hoch auf die Düne mit Blick in die grünen Dünen, wo Möwen ungestört brüten. Ein besonderes Erlebnis hat man, wenn plötzlich aus dem Graben und dem Schilf neben dem Radweg ein Graugänsepaar mit Nachwuchs auftaucht, das den nächsten kleinen Teich in Wegesnähe ansteuert.

Im Frühjahr und Herbst wimmelt es um diesen Weg von Zugvögeln, die dort rasten und sich für den Weiterflug stärken. Aber es bleiben auch eine Menge Paare, die hier brüten und ihren Nachwuchs auf der Insel aufziehen.

Vorbei am der Meierei (Bild auf der vorigen Seite), bekannt und beliebt für ihre Dickmilch und Sanddornprodukte, gelangt man schließlich zum Fahrradparkplatz am Ostende – lach ... wir sind immer noch in Ostfriesland und nicht in Belgien … lach – und dann zu Fuß zur Beobachtungsstation am Osterhook, wo man mit etwas Glück und einem guten Fernglas die Seehunde beobachten kann, die sich am äußersten Ostende der Insel auf einer Sandbank sonnen.

Hingelangen kann man nicht, besser sollte man nicht. Dieser Teil gehört zur Ruhezone des Nationalparks Wattenmeer und darf nicht betreten werden. Es gibt aber Schiffsfahrten durchs Wattenmeer, bei denen man vom Wasser aus näher an diese Sandbank oder auch eine andere, auf der Seehunde lagern, heran kommt und die Seehunde vom Schiff aus beobachten kann.

Kapitel 15 : Treibgut

Auch hier eine Anmerkung zuvor : Bei den hier abgedruckten Texten gilt sinngemäß, was bei den Sprüchen, Reimen, Texten und dem Strandgut geschrieben wurde. Im Internet treibt so manches vorbei und wird vom Strandvogt oder seinen Freunden aufgegabelt, wobei die Quellen meist unbekannt sind.

*****

Das märchenhafte Leben von Benedictus und Dissonanza.

Es war einmal ein fröhlicher Musikus namens Benedictus. Der hatte zehn wunderhübsche Kinder: Primus, Sekunda, Tertia, Quarta, Quinta, Sextilius, Septimus, Oktavia, Nono und Dezimus. Mit seinem lieben Weibe Dissonanza lebte er - trotz ihres Namens - tutti unisono, denn sie schenkte ihm immer absolutes Gehör, und selten gab es Dies Irae.

Sie wohnten unter einer mächtigen Fermate, die sie eigenhändig mit den allerschönsten Koloraturen und Arabesken ausgeschmückt hatten. Die Wände waren mit kostbarem Mollton behangen, und die Doppelfugen im Dach waren mit reinen Akkorden verkleidet. Die Kinder wohnten in herrlichen englischen und französischen Suiten, wo sie ad libitum präludierten, phantasierten oder in ihren Libretti lasen und wo sich manch lustige Kinderszene abspielte. Da ging es oft con brio her, wenn die ganze Sarabande in den Kammern musizierte, so dass der Vater vor lauter fortissimo nicht polyphonieren konnte. Wenn es Benedictus dann gar zu vivace wurde, setzte er einen energischen Kontrapunkt. Dann begann eine fuga giocosa, die meist damit endete, dass die Kleinen flugs in die Orgelpfeifen flüchteten, bis der Vater wieder moderato war und sich seinen Inventionen zuwandte oder zur Beruhigung eine Reprise mezzoforte genommen hatte, welche er sich immer aus der Apotheke kommen ließ.

Frau Dissonanza ging derweil grazioso ihrer Hausarbeit nach, bis alles von Kolophonium glänzte, immer eine Conzonetta auf den Lippen und ohne jegliches Lamento. Manchmal seufzte sie allerdings: "Stabat mater lacrimosa...", oder sie rief, wenn sie heimkam, belcanto: "Kommt, ihr Töchter, helft mir tragen !" Und presto öffnete ihr jemand die Ouvertüre und nahm ihr die schweren Tantiemen ab, die sie eben bei der GEMA eingekauft hatte. Ein freudig begrüßtes Divertimento war dann das Mittagessen.

Mit dem Schlag Zwölf des Metronoms modulierte das ganze Ensemble in die Es-Moll Suite, wo Frau Dissonanza ein Potpourri lukullischer Variationen bereithielt. Da gab es Suppa legato oder Toccata milanese con Sardina oder feinstes Bourreé mit espressiven Gavotten in Sauce Polonaise oder geräucherten Manuaal mit Pizzicato staccato. Hinterher genoss man allerhand süße Bagatellen und trank auch mitunter ein Flageoletts Aqua con spirituoso. Elegien bei Tisch waren verpönt, dagegen erzählte man sich gerne Humoresken und Scherzi. Nur wenn Benedictus sforzato e con fuoco zu einem Solo ansetzte, war Generalpause Pflicht. Wenn es allen geschmeckt hatte, klatschten sie rhythmisch in die Hände, lobten ihre Mutter a capella und sprachen: "Wie wunderbarlich ist doch diese Speise !" Frau Dissonanza verwies jedoch meist bescheiden auf ihr Köchelverzeichnis.

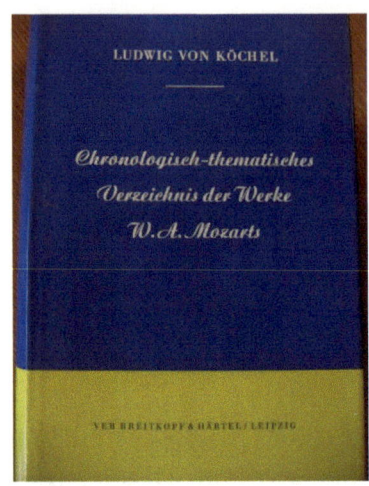

LUDWIG VON KÖCHEL

Chronologisch-thematisches
Verzeichnis der Werke
W. A. Mozarts

VEB BREITKOPF & HÄRTEL / LEIPZIG

So lebten die Zwölf con allegria in den Tag hinein, machten als Winterreise 14 Tage Skiferien in Intervall, gelegentlich in Quarten oder Quinten - einmal auch in Unterterzen, sie kutschierten im Sommer 4 Wochen lang ihren wunderschönen Celesta durch die Lande, über den Passacaglia und schwammen auch im Schwanensee. Und wenn sie nicht an einem morendo smorzando gestorben sind - da capo, da capo ...

(Innerhalb unseres Chores verbreitet;
Quelle und Verfasser unbekannt)

* * * * *

Corona, es war einmal harte Realität, kein Märchen oder Fantasy

Corona-Eilmeldung zu Weihnachten 2020

EILMELDUNG !!
Weihnachten fällt dieses Jahr leider aus weil:
Die Heiligen 3 Könige haben Einreiseverbot.
Das Christkind ist in Kurzarbeit.
Der Stallbesitzer hat Beherbergungsverbot.
Der Weihnachtsmann würde mit seinen
Rentieren gegen die 2 Haushaltsregel
verstoßen.
Und Rudolph das Rentier mit der roten Nase?
Sollte sich mal schleunigst in Quarantäne
begeben und sich testen lassen! 😄

*****

Sylvester 2020

DINNER FOR ONE.
Jahrelang haben wir das
für den größten Blödsinn
gehalten: Da sitzen zwei
an Silvester in einem
Raum und besaufen sich
mit ihren Freunden, die
garnicht anwesend sind.
Wer hätte gedacht, dass
dies mal Wirklichkeit
wird.

In diesem Sinne... komm
gut ins neue Jahr

*****

Neujahr 2021

Ich wünsche uns für

2021

... dass, Corona wieder Bier ist,

... dass wir, wenn wir uns wiedersehen, wieder einen Schritt nach vorne machen können, und nicht mehr zurück,

... dass Positiv wieder etwas Positives ist,

... dass Tests wieder in der Schule stattfinden,

... dass isolieren wieder für Häuser und Kabel gilt,

... dass man mit einer Maske Karneval feiern kann,

... und dass Donald wieder eine Ente ist.

*****

Jesus in Corona-Zeiten in Videokonferenz mit seinen Jüngern

So hätte ein mittelalterlicher Maler wohl die Situation im Home-Office und den vielen Videoschaltungen bei Home-Schooling, Videokonferenzen, Chorproben wie auch bei kirchlichen Synodalsitzungen gesehen. Heute können wir darüber schmunzeln und hoffen, dass wir solche Zeiten wie bei Corona nie wieder erleben. Nur damals waren wir froh, dass wir solche Videokonferenzmöglichkeiten hatten.

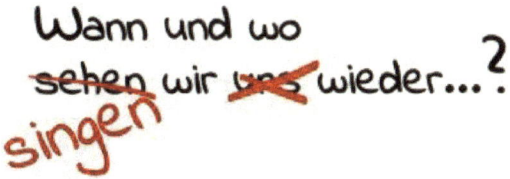

Eine damals sehr berechtigte Frage, ein großer Wunsch verbunden mit Sehnsucht nach der vertrauten Gemeinschaft.

*****

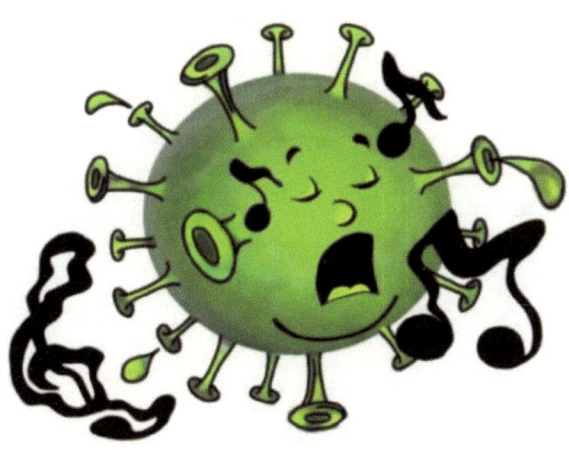

Kapitel 16 : Wanderbegeisterung

Auf dem Heart Creek Trail – eine Wanderung in den kanadischen Rocky Mountains.

Fährt man auf dem Transcanada-Highway Nummer 1 in südlicher Richtung aus dem Banff National Park heraus, kommt man dort, wo das Tal des Bow River beginnt, aus den Rocky Mountains auszutreten, zum Lac des Arcs. Auf dem Bild ist unten im Vordergrund der Highway rechts und in der Bildmitte der Lac des Arcs zu sehen.

Fährt man dort vom Highway ab und folgt der Beschilderung, gelangt man auf zu einem Parkplatz südlich vom Highway, dem Ausgangspunkt für den als leicht beschriebenen Heart Creek Trail, aber auch für den schweren Heart Mountain Horseshoe Trail.

Mit Rücksicht auf meine Enkel werden wir den Heart Creek Trail benutzen, der auch gerade für Familien mit Kindern empfohlen wird. Der Mount Heart (2135 m) (siehe obiges Bild) ist ein Berg in den Ausläufern der Rockies. Zwischen ihm und dem Nachbargipfel Mount McGillivray (2451 m) hat sich ein Bach (Creek) ein Tal durch die Felsen gegraben, durch das der Heart Creek Trail verläuft, abhängig davon, wie sich der im Canyon an einigen Stellen mäandrierende Bach Jahr für Jahr ein anderes Bett wählt. Gute Wanderschuhe sind angesagt, es geht ständig bergauf über Waldboden, aber auch über Wurzeln, Felsen sowie über rustikale Holzbrücken, wenn der Weg die Talseite wechselt.

Es ist kein Rundwanderweg, er endet nämlich vor einer Felswand. Hier ist ein Dorado für Kletterer. Wir beobachten sie eine Zeit lang.

Wir können uns auch die Blumen anschauen, die überall fort, wo die Sonne den Talboden bescheinen kann, wachsen. Aber hier in den Bergen, wo es bis zu 9 Monaten Winter geben kann, ist es kein Wunder, wenn Frühjahrsblüher sich erst im Spätsommer entfalten. Es gibt einige Bänke, die zur Rast einladen, bevor man wieder den Rückweg auf gleichem Weg antritt. Nur weiß jeder Wanderer aus Erfahrung, dass genau darin auch ein gewisser Reiz liegt. Sieht man doch nun die Dinge aus einer anderen Perspektive als auf dem Hinweg.

Hinter der Felswand ist ein See, der den Heart Creek speist, es führt aber kein Wanderweg mehr hin, so informiert uns eine Tafel. Aber am Wasserfall, über den das aus dem See ausfließende Wasser ins Tal kommt und den Heart Creek speist, kommen wir vorbei.

Kapitel 17 : Wandervergnügen

Die Quarry Lake Recreational Area – Naherholung am Rande des Banff National Parks.

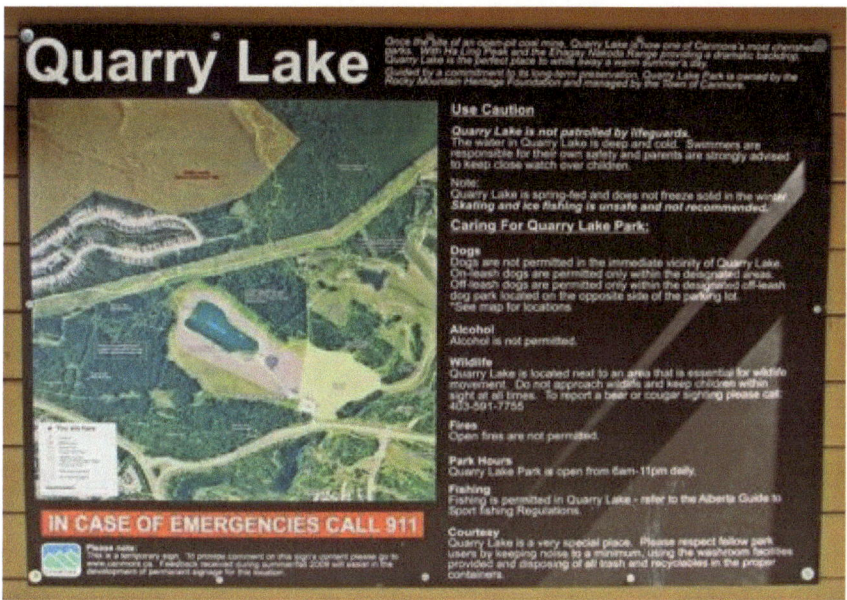

Fährt man vom Transcanada-Highway Nummer 1 kurz vor dem Eingang zum Banff National Park in Canmore ab, über die Main Street durch Downtown, dann über den Bow River und bergaufwärts rechts ab in die Spray Lakes Road Richtung Nordic Centre Provincial Park oder Richtung Ausgangspunkt der Grassi Lakes Trails, kommt man am Parkplatz der Quarry Lake Recreational Area vorbei, einem Naherholungsgebiet. Steigt man hier aus und geht zum Quarry Lake, wird man nicht unbedingt an die vorige Nutzung dieses Geländes erinnert. Sicher, manches sieht etwas künstlich aus, nicht so gekrümmt und unregelmäßig wie sonst in den Bergen.

Kommt man aber von der am rechten Ufer des Bow River höchst
gelegenen Wohnstraße, dem Wilson Way, zum dortigen Anfang des
Erholungsgebiets, dann ist man vorher durch eine künstliche Landschaft gewandert. Viele noch nicht von Büschen, Sträuchern, Gräsern
oder Blumen bedeckte Schotterstellen oder auch schnurgerade verlaufende Abflussrinnen deuten auf eine vorherige andersartige Nutzung dieses Geländes hin. Und das Eingangsschild am Parkplatz (siehe Bild am Anfang des Kapitels) verrät es uns. Hier wurde vorher
Kohle im offenen Tagebau abgebaut. Vielleicht ist Touristen ja die
Grubenlok am Ortseingang aufgefallen, ein Denkmal, das an diese
Zeit erinnern soll. In Canmore wurde Kohle für die Dampfloks der
Canadian Pacific Eisenbahn bis 1979 zum Teil im offenen Tagebau
abgebaut. Nach Umrüstung der Eisenbahn auf Dieselloks drohte
Canmore zu einem Geisterdorf zu werden. Aber dann wurden die
olympischen Winterspiele 1988 nach Calgary vergeben, die nordi-
schen Wettbewerbe sollten in Canmore im extra dafür ausgebauten
Nordic Centre ausgetragen werden. Jedes Jahr macht nun der Weltcupzirkus bei den ersten Wettbewerben der Saison hier Station. Vor
diesen olympischen Spielen wurde in Downtown fast alles abgeris-

sen und völlig neu aufgebaut, Straßen großenteils rechtwinklig zuein-
ander und Parkplätze ganz neu angelegt. Heute ist der Tourismus die
Haupteinnahmequelle für Canmore am Eingang des Banff National
Parks, ein Ort, der sich seitdem zu beiden Seiten des Bow River an
den Hängen ausgebreitet hat. Und dieses neue Naherholungsgebiet
ist durch Renaturierung aus einem offenen Kohletagebau entstanden.

Wir beginnen unseren Rundweg durch dieses Naherholungsgebiet, beobachten, wie vielfältig Menschen dieses weitläufige Gelände nutzen. Im Eingangsbereich auf der anderen Seite vom Parkplatz befindet sich eine große Wiese, auf der Hunde frei laufen dürfen und nicht wie sonst überall an die Leine müssen.

Spätestens nach dem ersten Rundgang, wenn man alles in der Nähe befindliche angeschaut hat, schweift der Blick in die Ferne, in die umliegenden Berge. Da ist der Blick zum wegen seiner Form leicht zu erkennenden Ha Ling Peak als nordwestlicher Teil des Lawrence Grassi Massivs links und des Mount Rundle rechts im oberen Bild. Und zwischen diesen beiden Bergmassiven liegen die Grassi Lakes und verlaufen die Grassi Lake Trails, die in Kapitel 11 beschrieben worden sind.

Und weil dieses Motiv so schön ist, zwei weitere Bilder von einem etwas anderen Standpunkt aus. Dieses Bild zeigt nur das Ehagay Nakoda Massiv (in der Sprache der Ureinwohner, der Nakoda-Indianer, 'der letzte Nakoda'), auch Lawrence Grassi Massiv genannt mit den Gipfeln von links nach rechts Ship's Prow Mountain (2 626 m), Mount Lawrence Grassi (2 685 m), Miners Peak (2 450 m) und Ha Ling Peak (2 408 m).

Und hier das Bergmassiv um den Mount Rundle (2948 m) ganz für sich alleine, das in der Gesamtaufnahme (vorvoriges Bild) rechts neben dem Ehagay Nakoda Massiv zu sehen ist.

Die eben genannten Berge sind alle auf dieser Seite des Bow Rivers. Blickt man auf die andere Seite über den Fluss hinweg, der von hier oben nicht zu sehen ist, schaut man auf das Mount Lady MacDonald (2 406 m) genannte Bergmassiv. Mit viel Phantasie kann man die Umrisse einer Frau in den Zacken des Massivs entdecken, hier im oberen Bild der Kopf von links nach rechts bis zum Hals.

Von einem anderen Standpunkt im Tal unmittelbar vom Damm neben dem Bow River aus hat man diesen Blick auf dieses im September bereits zum Teil schneebedeckte Bergmassiv. Auch hier ist der Kopf bis zum Brustbeginn zu erkennen. Zum Abschluss das Wappen von Alberta, der kanadischen Provinz, wo wir gewandert sind.

Kapitel 18 : Lebenswichtige Fragen

Auch hier eine Anmerkung zuvor : Bei den hier abgedruckten Texten gilt sinngemäß, was bei den Sprüchen, Reimen, Texten, dem Strandgut und dem Treibgut geschrieben wurde. Vom Strandvogt oder seinen Freunden wird so manche Frage im Internet aufgegabelt, wobei die Quellen meist unbekannt sind.

*****

Warum kann es besser sein, einen Bratwurststand zu haben als einen Job in der EDV-Branche ?
Es folgen einige lustige Erklärungsversuche zu dieser Frage :

Bratwurst kann nicht abstürzen. Und wenn sie das doch einmal tut, schauen, ob es jemand gesehen hat und wieder rein in die Semmel.

Deiner Bratwurst ist es egal, ob du objektorientiert brätst oder nicht.

Es gibt „noch" keine MS-Bratwurst.

Es gibt keinerlei Treiber-Probleme.

Deiner Bratwurst ist es egal, ob sie auf einem Rost gebraten wird, der zu den anderen 200 Millionen Rosten kompatibel ist oder nicht.

Es gibt keine Updates für Bratwurst.

Den Kunden am Bratwurst-Stand musst du nicht erklären, warum die Anfahrt so teuer ist.

Es wird dich nie ein Kunde anrufen, weil eine Bratwurst, die du ihm verkauft hast, nicht bootet.

Wenn du einen Fehler in deinem Wurststand machst, steht nicht gleich die Produktion einer ganzen Firma still.

Deiner Bratwurst ist es egal, ob du eine Krawatte anhast oder nicht.

Es gibt keine Version 3.25 von Bratwurst, auch keine Alpha- oder Betaversion.

Es gibt keine 3 Jahre Garantie auf Bratwurst : Verkauft – gegessen – erledigt, so einfach ist das.

Es gibt keine OEM-Bratwurst, die Du nur zusammen mit einem 20-teiligen Topf-Set verkaufen darfst.

Für Bratwurst ist kein falsch übersetztes Handbuch notwendig, es gibt einfach keines.

Jeder kann Bratwurst ohne Schulung benutzen.

Man muss nicht zu jeder verkauften Bratwurst eine Dokumentation schreiben.

*****

Warum ist Schokolade besser als Sex ?

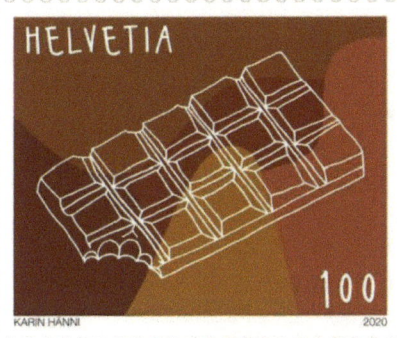 

1. Schokolade ist leicht zu bekommen.

2. Schokolade stellt Dich zufrieden - auch, wenn sie weich ist.

3. Du kannst auch während des Autofahrens Schokolade genießen.

4. Du kannst Schokolade sogar in Gegenwart Deiner Mutter haben.

5. Es macht nichts, wenn man hart auf die Nüsse beißt.

6. Schokolade muss man nichts vormachen.

7. Von Schokolade wird man nicht schwanger.

8. Du kannst zu jeder Zeit des Tages/Monats Schokolade haben.

9. Du kannst so viel Schokolade haben wie du willst.

10. Du bist nie zu jung oder zu alt für Schokolade.

11. Du erregst kein öffentliches Ärgernis beim Schokoladeessen.

12. Mit Schokolade weckst Du nicht die Nachbarn.

13. Das Essen von Schokolade dauert solange Du willst.

14. Bei Schokolade ist die Größe egal, sie schmeckt immer gut.

15. Schokolade benötigt kein Kondom als Schutzmaßnahme.

16. Nach Genuss musst Du nicht sagen, wie gut Schokolade war.

17. Es verpflichtest Dich zu nichts, wenn Du zu Schokolade Süße oder Süßer sagst.

Also Süße / Süßer : Wie wärs mit einem Stück Schokolade ?

*****

El Computador oder la Computadora :

Sind Computer männlich oder weiblich ?
Diese Frage stellte eine Spanischlehrerin ihrer Klasse.

Die Männer entschieden : Computer sind weiblich, weil

1. niemand außer ihrem Schöpfer ihre Logik versteht.
2. die Sprache, mit der Computer untereinander kommunizieren, für alle anderen absolut unverständlich ist.
3. selbst die kleinsten Fehler im Langzeitgedächtnis gespeichert werden.
4. man nach dem Computerkauf mindestens den halben Monatslohn für weiteres – meist unnötiges – Zubehör ausgeben muss.

Die Frauen beschlossen : Computer sind männlich, weil

1. man sie, um sie zu gebrauchen, zuallererst anmachen muss.
2. sie über viele Daten verfügen, aber alleine nicht denken können.
3. sie beim Lösen von Problemen helfen sollten, aber in der meisten Zeit das Problem selber sind.
4. man merkt, sobald man sich einen angeschafft hat : Mit etwas mehr Warten hätte man ein besseres Modell haben können.

✱✱✱✱✱

Möchtest Du eine Salatgurke sein ?

Manche Frauen mögen Salatgurken, weil sie

durchschnittlich 25 cm lang sind,

über längere Zeit hart bleiben,

man sie schon vor dem Gebrauch auf ihre Härte überprüfen kann,

man so viele davon haben kann, wie man will,

etc. etc. etc.

Aber bedenke : Nur Salatgurken der Handelsklasse S haben diese Vorzüge. Aber wie lange ? Und was ist dann ? Sie müssen auf ihrem Höhepunkt in den Verdauungstrakt, bevor sie unansehnlich werden, verfaulen und zweckentfremdet entsorgt werden müssen.

Andererseits : Wann bekommt eine Salatgurke solch weltbewegende Weisheiten zu hören ? Mit kokettem Augenaufschlag und süßem Lächeln sagen nicht nur Blondinen :

„Nicht wahr Liebling, ich war heute mal wieder besonders gut.“

„Wow, ist das bei Dir abwechslungsreich. Mal bist Du oben, mal ich unten.“

„Du darfst mich ruhig länger missionieren.“

Nach Ablegen ihres Wonderbras : „Schau nicht so entgeistert. Ich habe die Schwerkraft doch nicht erfunden." Oder :

„Wir müssen dringend im Keller nach den Äpfeln und Birnen sehen, bevor die auch noch verschrumpeln."

„Was Du oben zu wenig hast, fehlt Dir unten völlig."

Er : „Beim Fußball muss das Runde ins Eckige." Sie seufzt : "Wenn doch nur noch einmal das Längliche lange ins Runde käme."

Die Architektenlogik : „Das Hängende kann keine stützende Funktion haben."

Worte einer passionierten Reiterin : „Du darfst den Parcours ruhig länger machen und anspruchsvoller gestalten."

„Du bist wunderbar behangen. Aber standfest sieht anders aus."

„Ei, wann kommt denn der kleine Piepmatz in meinen Kindergarten ?"

„Nur bei der Feuerwehr musst Du mit der Spritze schnell sein."

Also : Möchtest Du wirklich eine Salatgurke sein ?

*****

Kapitel 19 : Wandertraum

Auf dem Glashüttenweg -
eine Wanderung im Nationalpark Harz

Wer vom Gipfel des Brocken (1142 m) im Harz zu Fuß absteigen möchte, hat verschiedene interessante Möglichkeiten. Als meine Frau noch gut wandern konnte und es auch gerne tat, entschieden wir uns, zuerst ein Stück auf der Brockenstraße Richtung Schierke zu gehen. Der Weg und die Richtung waren für uns neu.

Als schließlich links ein Wanderweg mit der Bezeichnung „Glashüttenweg" auftauchte, der ein Teil des Harzer-Hexen-Stiegs ist, genügte ein Blick in die Wanderkarte, um zu sehen, dass das eine gute Alternative zur asphaltierten Straße ist.

(Bild : Brockenstraße mit der Abzweigung Glashüttenweg rechts. Wir schauen hier Richtung Gipfel, also entgegengesetzt zu der beschriebenen Wanderrichtung.) Wir wollten sowieso von der Straße weg und auf Waldwegen weitergehen.

Diese Entscheidung haben wir nicht bereut. Glashütten kennen wir vom Bayerischen Wald, die hiesige existiert schon lange nicht mehr, nur der Name des Zugangswegs hat sich erhalten. Aber schließlich bekommen wir unterwegs an der "Glashüttenwiese" auf einem Schild die nötige Auskunft.

139

Es sind keine ständigen spektakulären Ausblicke, die den Weg als Höhenweg interessant machen, sondern die Ruhe des umgebenden Waldes, an einigen Stellen Hochmoore oder kleine Tümpel (unteres Bild), die ein Verweilen und den Blick auf die Flora verdienen.

Aber wer Ohren hat, der bemerkt auch die unterschiedlichen Vogelrufe, die anderen Waldbewohnern Wanderer ankündigen. Natürlich war auch das Schnaufen und Pfeifen der in einiger Entfernung fahrenden Brockenbahn nicht zu überhören, mal nah, mal ferner. Aber das haben wir immer und überall auf unseren Wegen im Brockengebiet als angenehmes technisches Geräusch empfunden im Gegensatz zu den störenden Geräuschen des üblichen Straßenverkehrs, von denen wir hier oben zum Glück nichts hören. Der Weg fällt leicht ab oder verläuft eine Weile auch ohne Steigung oder Gefälle, es zweigen immer wieder Wege ab, die entweder nach links wieder aufsteigen oder nach rechts Richtung Schierke absteigen.

Der Weg führt am Ahrentsklint (822 m) vorbei. Auf diese Felsformation führen Eisenleitern. Von oben hat man einen guten Blick zum Brocken, zu anderen Gipfeln der Brockenregion, zum Wurmberg oberhalb von Braunlage und auch auf das nahe Schierke wie hier im unteren Bild.

Eine weitere gute Ausblicksmöglichkeit gibt es rund 2 km weiter auf dem Glashüttenweg in Richtung Drei Annen Hohne am Trudenstein (735 m). Beide Klippen sind in das System der Stempelstellen der Harzer Wandernadel einbezogen.

Aber vor dem Trudenstein erreichen wir zunächst den Wanderkno-
tenpunkt Spinne (762 m) mit seiner Schutzhütte und dem Wander-
wegweiser. Hier ist die letzte Möglichkeit, nach Schierke abzusteigen, und zwar entweder über den über Schierke gelegenen Bahnhof
der Brockenbahn oder aber über den Schierker Stern, wo die von
Elend heraufführende Straße auf die von Drei-Annen-Hohne nach
Schierke führende Landstraße trifft. Dieser Abstieg wird im nächsten
Kapitel beschrieben.

Wir entschließen uns, nicht abzusteigen, sondern weiter auf dem
Glashüttenweg zu bleiben und über ihn nach Drei-Annen-Hohne
(550 m) abzusteigen. Kurz hinter der Spinne treffen wir auf einen
Bach, die Wormke. Ihre Quelle liegt auf etwa 848 m Höhe. Am Glashüttenweg leitet in 747 m Höhe ein Stauwehr (im nächsten Bild im
Hintergrund, davor ist nach rechts der Abfluss der "Rest"-Wormke,
geradeaus geht es in den Wormsgraben) fast die gesamte Wasser-

menge in den Wormsgraben (zweites unteres Bild) ab, der vor allem der Wasserversorgung (Hauptzufluss der Zillierbachtalsperre) dient.

Die Wormke fließt mit dem ihr verbliebenen Wasser, aber gespeist von weiteren kleinen Zuflüssen unterhalb des Stauwehrs, schließlich in der Nähe von Mandelholz etwas oberhalb der Mandelholztalsperre auf 463 m Höhe in die Kalte Bode. Der Name „Trudenstein" leitet sich von der angeblichen Ähnlichkeit der Felsen mit einer Drude, einer altdeutschen hexenähnlichen Sagenfigur, ab. 1783 soll Johann Wolfgang von Goethe am Trudenstein vorbeigewandert sein. Caspar David Friedrich bildete die Felsformation auf einer Zeichnung ab. Sie soll ihn auch zu einer Felsgruppe im Vordergrund seines Gemäldes „Der Watzmann" inspiriert haben. Bereits 1894 wurden erstmals Leitern auf den Gipfel des Trudensteins errichtet.

Von dort aus hat man Ausblick unter anderem in Richtung Schierke, Elend und Wurmberg. Das Bild zeigt noch den inzwischen abgerissenen Sprungturm der Skisprunganlage auf dem Wurmberg, hier eine gute Orientierungshilfe. An diesem Aussichtspunkt lohnt eine Rast. Danach folgen wir dem ständig abfallenden Glashüttenweg, überqueren dabei den Wormsgraben, sehen dessen Einmündung in den Zillerbach nahe des Forsthauses Hohne (Hohnehof), und gelangen schließlich zum Bahnhof Drei-Annen-Hohne, wo wir mit dem Bus oder der Harzquerbahn zurück nach Wernigerode fahren können.

Kapitel 20 : Wandersehnsucht

Von Schierke nach Schierke –
In Teilstücken steiler Aufstieg und meist sanfter Abstieg

Wer nicht in Schierke wohnt oder dort übernachtet, muss erst einmal anreisen. Wir kommen mit dem Bus von Wernigerode über Elbingerode, Königshütte und Elend an und steigen an einer der Haltestellen im langgestreckten Schierke aus. Von der Brockenstraße unten im Dorf gehen viele Wege hinauf zum Brockengipfel.

Wir könnten also einem dieser Aufstiege bis zum Ottoweg (Bild) folgen. Der führt oberhalb der Häuser am Waldrand als Lehrpfad um Schierke herum, meist bieten die Bäume Schatten, und immer wieder zweigen Aufstiegswege zum Brocken ab. Wir aber gehen bei unserem ersten Besuch zuerst ein Stück an der Brockenstraße entlang und kommen auf dem Weg zur Bergkirche (oberes Bild auf der nächsten Seite) am Kurpark (unteres Bild auf der nächsten Seite) vorbei. An der Bergkirche verlassen wir die Brockenstraße endgültig und wählen von den verschiedenen Wandermöglichkeiten den Aufstieg (von rund 620 m Höhe) am Friedhof vorbei über den Ottoweg und den Bahnhofspfad zum Bahnhof Schierke (685 m).

Am Bahnhof Schierke lohnt ein Verweilen und das zu den Zugan-
künften rege Treiben zu beobachten. Hier kann auch eine Mahlzeit
eingenommen oder Verpflegung gekauft werden. Auf dem Bild be-

gegnen sich hier im Bahnhof auf der ansonsten eingleisigen Strecke der Brockenbahn der Zug vom Brocken herunter nach Drei-Annen-Hohne und der von dort zum Brocken herauffahrende Zug. Einmal haben wir beobachtet, dass ein Sonderzug zusätzlich eingesetzt wurde, der dann am Einfahrtssignal auf die Einfahrt in den Bahnhof geduldig wartete. Und es musste erst der Zug auf den Brocken den Bahnhof verlassen, bevor dieser Sonderzug einfahren und danach der andere Zug nach Drei-Annen-Hohne ausfahren durfte. Reisende auf den Brocken haben hier einen Aufenthalt vom meist 8 Minuten, während die Dampflock frisches Wasser für den Aufstieg auf den Brocken tankt, Zeit, sich die Beine zu vertreten oder etwas einzukaufen. Aber Vorsicht, häufig setzen Busse Reisende nicht in Drei-Annen-Hohne, sondern erst hier in Schierke ab, die dann den „freien" Platz besetzen könnten. Und es kann dann in einem solchen Fall im Zug eng werden, vor allem, wenn er bereits ab Wernigerode stark besetzt wurde. Nicht alle Reisenden sind Frischluft- und Dampflokluft-Fans, die auf den offenen Perrons zwischen den Wagen begeistert von der Aussicht im Freien im Stehen die Zugfahrt verbringen möchten.

Am Bahnhof Schierke überqueren wir die Gleise der Brockenbahn, biegen nicht nach links oder rechts in den Bahnparallelweg ein, sondern folgen geradeaus dem Wanderweg, der den Berg hinaufführt.

Wir orientieren uns am Wegschild (Bild) und wollen weiter aufsteigen zum unterhalb des Erdbeerkopfs (848 m) gelegenen Wegekreuz Spinne (762 m) als höchstem Punkt unserer Wanderung, um von dort über den uns von einer anderen Wanderung bereits bekannten Glashüttenweg gemütlich nach Drei-Annen-Hohne zum Bahnhof (540 m) abzusteigen.

Der Weg führt an der kleinen Feuersteinklippe vorbei (Bild). Wir folgen weiter dem Hauptweg, gehen also nicht auf die Klippen zu. Wir wollen hinauf zum Glashüttenweg, den wir ja von einer anderen Wanderung her kennen, zur Kreuzung der Wanderwege an der Spinne (unteres Bild). Wir haben dafür mehrere Möglichkeiten.

Zum einen nach links zum Ahrensklint, zu einer Felsformation, die schon im vorigen Kapitel erwähnt wurde, oder auch weiter geradeaus Richtung Erdbeerkopf oder leicht rechts auf schmalem Wanderweg über viele Granitbrocken direkt zur Spinne. Dort haben wir den höchsten Punkt der Wanderung erreicht und können uns im Schutzhäuschen oder auf trockenem Waldboden vom Aufstieg erholen. Und hier oben haben wir die Qual der Wahl. Wir könnten auf andere Klippen und sogar bis zum Brockengipfel hochsteigen, aber auch den Übergang zum Ilsetal oder der Steinernen Renne ansteuern. So lange wollen wir aber nicht unterwegs sein. Also kommt nur ein Abstieg nach der Erholungspause in Frage. Und hier ist die letzte Möglichkeit, nach Schierke abzusteigen. Im Laufe unserer Harzwanderungen sind wir häufig an der Spinne aus den verschiedensten Richtungen angelangt und haben viele der Abstiegsmöglichkeiten erprobt. Wer es kurz machen will, benutzt den Forstweg zum Schierker Stern, wo die von Elend heraufführende Fahrstraße auf die von Drei-Annen-Hohne nach Schierke führende Landstraße trifft. Wir benutzen diesen Weg und gehen in großen Bögen parallel zur Wormke, die von hier oben tief hinunter ins Tal der kalten Bode fließt, jedenfalls das Wasser, das am Stauwehr oben an der Spinne nicht in den Wormsgraben abgeleitet wird, sondern noch hinab zur kalten Bode fließen darf.

149

Das Läuten und Pfeifen der Brockenbahn ist auf diesem Abstieg nicht zu überhören, und wer Glück hat, erreicht den Bahnübergang in dem Moment, wo die Brockenbahn unseren Forstweg kreuzt (Bild).

Ein Blick beim Überqueren der Gleise ins Gleisbett der Brockenbahn an dieser Stelle (Bild) zeigt, wie romantisch hier die Bahntrasse durch den Wald verläuft, aber auch welche Waldbrandgefahr in trockenen Sommern durch Funkenflug oder achtlos entsorgte Zigarettenkippen besteht. Hier könnten wir vor den Gleisen rechts abbiegen, auf dem Bahnparallelweg den Bahnhof Schierke erreichen und von dort nach Schierke zur Brockenstraße absteigen. Wir folgen aber weiter dem Forstweg abwärts.

Kurz hinter der Querung der Brockenbahngleise lichtet sich der Wald und es eröffnet sich ein Blick über die Schierker Wiesen in den Ostharz (Bild).

Der Weg schwenkt nach rechts, er hat nur noch wenig Gefälle. Am Rand der Wiesen steht etwas abseits vom Forstweg hinter Büschen eine Bank, die Quesenbank, die zum Ausruhen und zum Genuss der Aussicht einlädt. Ein Schild (Bild) informiert über die örtlichen Besonderheiten dieses Aussichtspunktes.

Von hier aus sind es wenige Hundert Meter bis zum Schierker Stern. Hier sind ein Wanderparkplatz und zwei Bushaltestellen für die nach Schierke herein und die aus Schierke herauskommenden Busse; denn ganz Schierke ist eine Sackgasse, es führen nur noch Wanderwege weiter. Die eine Buslinie führt von Wernigerode nach Braunlage über Drei-Annen-Hohne, Schierke und Elend, die andere von Wernigerode nach Schierke über Elbingerode, Königshütte und Elend, so dass wir in diese Richtungen mit dem Bus weiterfahren können. Wir wandern nach Schierke zurück und kommen am Ortseingangsschild (Bild) neben dem Campingplatz am Schierker Stern vorbei. Wir können die Straße meiden und gehen auf der Verlängerung des Ottowegs in das langgestreckte Schierke hinein.

Wenn wir wieder auf den Fußgängerweg an der Brockenstraße zu unserem Ausgangspunkt zurückkehren, kommen wir auch an der Apotheke (Bild) vorbei, dem Stammhaus des „Schierker Feuerstein", einem bekannten Kräuterlikör. Eine überdimensionale Flasche im Bild links steht dafür Reklame. An den Feuersteinklippen, die diesem Kräuterschnaps den Namen gegeben haben, sind wir ja auf dieser Wanderung vorbeigekommen. Und der ursprünglich geplante Abstieg über den Glashüttenweg nach Drei-Annen-Hohne wurde im vorigen Kapitel beschrieben.

Epilog

-

Gestatten, ich bin der Strandvogt und möchte Dich durch dieses Buch führen.

Das war meine Begrüßung am Anfang dieses Buches. Die Rundreise durch die reale Welt des Strandvogts, die ich im Internet Freunden vorgestellt habe und die dort großen Zuspruch erfahren hat, ist nun zu Ende. Danke liebe Lesende für die Geduld, mich bis zu diesem Abspann zu begleiten. Ich hoffe, dass ich ein wenig Freude und Abwechslung zum normalen Alltagsleben bereiten konnte. Meine Auswahl ist natürlich rein subjektiv. Andere Menschen würden sicher ganz andere Schwerpunkt setzen, und auch zu ganz anderen Themen etwas schreiben. Und auch ich könnte über andere Ziele auf Inseln, an der Küste, im Binnenland oder im Gebirge, Mittel- wie Hochgebirge, berichten, im Inland wie im Ausland. Mit offenen Augen und Ohren reisen, ist nun einmal wunderschön, und ich werde es tun, solange ich es kann. Kanada ist rein zufällig in meinen Blick geraten. Wer kann schon ahnen, dass es einmal ein Familienmitglied dorthin verschlägt, und dann auch noch in den „wilden Westen", in die Rocky Mountains. Ich war vom ersten Augenblick an begeistert, diese neue Welt noch im Herbst meines Lebens kennenzulernen und musste diese Begeisterung dann auch an meine Freundinnen und Freunde im Internet weitergeben. Es ist ein „weites Land", wie es so schön in einem bekannten Western heißt, und hat so viel Platz, Abwechslung und Gastfreundschaft zu bieten.

Die Welt des Internets habe ich versucht, in einigen Kapiteln mit meinen Produktionen erlebbar zu machen. Diese Welt ist mit Vorsicht zu genießen, vor allem wenn es sich um sogenannte soziale Netzwerke handelt. Warum diesen die Eigenschaft „sozial" zugeordnet wird, erschließt sich dem Strandvogt nach seinen Erfahrungen nicht. Wer so richtig zwischen meinen Zeilen gelesen hat, wird so einiges entdeckt haben und hoffentlich nachdenklich werden. Wer sich ernsthaft dorthin begeben will, sollte vorher Kritiken lesen, die es im Internet gibt, Abstriche bei zu positiv gefärbten Berichten machen und kritische Bemerkungen, vor allem konstruktiv-kritische, Ernst nehmen und nicht denken „Mir kann so etwas nicht passieren." Es ist mit viel Arbeit und auch Glück verbunden, wenn man dort einen Kreis von Menschen findet, die offen und ehrlich miteinander umgehen. Und mit diesem positiven Merkmal entlässt der Strandvogt seine Lesende wieder in die reale Welt und hofft, dass auch noch andere Bücher oder E-Books aus seiner „Feder" das Interesse und das Wohlwollen von Lesenden finden.

Quellen / Über den Autor

Die meisten Fotos wurden von mir mit der eigenen Kamera aufgenommen, einige wurden mir von Freunden oder Verwandten überlassen. Aus dem Internet stammen einige Beiträge oder Bilder. Quellen für Texte und Bilder wurden genannt, soweit bekannt.

Jodokus Rauschebart genießt seinen wohlverdienten Ruhestand,
studierte Mathematik, Physik und mathematische Logik,
war Fachlehrer für Mathematik und Physik an einem Gymnasium,
war Fachberater für Mathematik in der Schulaufsicht,
hatte einen Universitäts-Lehrauftrag für Didaktik der Mathematik,
hielt Vorträge und veröffentlichte über Mathematikunterricht.

Von Jodokus Rauschebart sind bei BoD sowohl als Buch und auch als E-Book erschienen :
„Lachen über Wissenschaften und das tägliche Leben"
ISBN 978-3-848 212 576 (Buch),
ISBN 978-3-769 387 452 (E-Book)
„Lachen und Staunen über Mathematik - schmunzelndes Verstehen erwünscht",
ISBN 978-3-769 328 950 (Buch),
ISBN 978-3-819 254 444 (E-Book)

Von Jodokus Rauschebart ist bei BoD nur als E-Book erschienen :
„Lachen über Mathematik und anderer Unfug"
ISBN 978-3-738 625 837.